姜含之 著

生成式人工智能时代
高职项目教学评价研究

清华大学出版社
北京

内 容 简 介

本书全面梳理了生成式人工智能的发展脉络与现状,强调了其作为颠覆性技术的重要地位,以高职数字创意类专业为切入点,深入探讨了现今高职专业教学现状及面临的挑战,指出生成式人工智能对高职教学产生的多维度影响。通过对项目教学模式进行分析与研究,本书提出了符合生成式人工智能特色的项目教学评价体系框架,详细阐述了任务设计模型、过程监控与结果分析体系的构建方法和策略,基于评价原则体系建设制定评价量表的模板,最后通过一个实际案例来分析与总结本评价体系的应用结果。

本书旨在通过构建创新的项目教学评价体系,提升高职数字创意类专业的教学适配度,以应对生成式人工智能带来的挑战,为高职教育的创新发展提供有力支持。

图书在版编目(CIP)数据

生成式人工智能时代高职项目教学评价研究/姜含之著. —北京:清华大学出版社,2024.5

ISBN 978-7-302-66057-6

Ⅰ.①生… Ⅱ.①姜… Ⅲ.①人工智能－影响－高等职业教育－教学评估－研究－中国 Ⅳ.①G718.5

中国国家版本馆 CIP 数据核字(2024)第 072133 号

责任编辑:吴梦佳
封面设计:傅瑞学
责任校对:刘 静
责任印制:刘海龙

出版发行:清华大学出版社
  网 址:https://www.tup.com.cn,https://www.wqxuetang.com
  地 址:北京清华大学学研大厦 A 座 邮 编:100084
  社 总 机:010-83470000 邮 购:010-62786544
  投稿与读者服务:010-62776969,c-service@tup.tsinghua.edu.cn
  质量反馈:010-62772015,zhiliang@tup.tsinghua.edu.cn
印 装 者:三河市君旺印务有限公司
经 销:全国新华书店
开 本:167mm×240mm 印 张:11.25 字 数:211 千字
版 次:2024 年 5 月第 1 版 印 次:2024 年 5 月第 1 次印刷
定 价:49.00 元

产品编号:106823-01

前言

2022年被誉为"生成式人工智能元年",标志着人工智能技术的迅速崛起。随着生成式人工智能技术的普及和应用,教育领域面临着前所未有的挑战与机遇。本书立足于此背景,旨在深入探讨生成式人工智能时代下的高职项目教学评价,探索其新的路径和方法。

本书采用深度调研、案例分析和实证研究相结合的方法,以数字创意类专业为研究对象,通过对生成式人工智能技术在高职项目教学中的应用进行深入研究和分析。

在撰写本书的过程中,首先,我们以高职数字创意类专业为例,深度剖析生成式人工智能对高职教学的多维度影响。其次,基于此,我们通过对高职项目教学模式的研究和探讨,提出了创新的、符合生成式人工智能特点的项目教学评价体系框架,同时我们进一步提出了任务设计模型、过程监控与结果分析体系的构建方法和策略,并根据评价原则制定了相应的评价量表模板。最后,通过一个实际案例的详细分析和总结,展示了本书提出的评价体系在高职教育中的应用成果,并对未来的教学实践提出了启示。

本书涉及的研究在一定程度上解决了生成式人工智能技术在项目任务中的评价难题,并突出以下特色:研究形成了人机协同式的项目任务设计模型,并对生成式人工智能技术在项目制作任务中运用的时机、程度进行预设与验证;研究从"任务黑箱"阶段视角探索过程监控体系的构建方法,提出项目评价的关键环节和应对策略,具有较高的可行性;建立了符合生成式人工智能技术特色的项目教学评价的原则体系,并以此为基础设计出项目教学评价量表的模板,客观地衡量学生在项目中的表现和成果。同时,本书注重理论与实践的结合,旨在为教育教学实践提供可行性和可操作性的解决方案。

本书旨在为教育界、高职教育从业者及相关研究者提供全面、系统的研究成果和思路,为推动高职项目教学评价体系的改革和创新贡献力量。

本书为浙江省高职教育"十四五"第一批教学改革项目(jg20230126)

《AIGC(生成式人工智能)时代的项目教学评价体系构建》的研究成果。本书受到浙江商业职业技术学院学术专著出版资金资助。

　　由于著者水平有限,书中不足之处在所难免,敬请广大读者批评、指正。

姜含之

2024 年 2 月

目 录

第一章

生成式人工智能为高职专业
教学带来的机遇与挑战

生成式人工智能(generative artificial intelligence, GAI)作为人工智能领域的前沿技术,为我们的现实生活和未来发展带来了巨大的机遇和挑战。在这个信息爆炸的时代,生成式人工智能以其强大的学习和创造能力引领着科技创新的浪潮。

第一节　生成式人工智能时代已经来临

一、人工智能的发展历史与现状

近年来,人工智能(artificial intelligence, AI)已经成为科技界的焦点,它在多个领域都展现出巨大的潜力,正在推动科技创新的浪潮。在医疗领域,人工智能的应用不仅加速了医学诊断和疾病治疗的进程,还为个性化医疗提供了更加智能的解决方案。在工业制造领域,智能化的生产线和机器人系统大幅提高了生产效率和产品质量。在金融领域,AI技术的运用为风险管理、投资策略和客户服务等带来了全新的可能性。

AI技术的广泛应用改变了人们的工作方式和生活方式,为社会发展带来了深远的影响。

(一)早期人工智能

AI的发展历史可以追溯到20世纪50年代。当时,科学家们开始思考如何让机器模拟人脑的智能行为。早期的人工智能研究集中在逻辑推理和符号推理上。研究人员试图开发计算机程序,能够基于一组推理规则来解决问题。这些程序被用于推理、问题解决和决策支持系统。其中比较典型的是Dendral,这是一个用于化学分析的推理系统。还有使用推理规则的逻辑思维、基于神经网络的模仿神经元,以及基于决策树的问题解决方法等。在20世纪五六十年代,研究人员试图通过模拟神经元之间的连接来构建神经网络。这些早期的神经网络模型受到生物神经系统的启发,然而,由于当时算力的限制及算法的不完善,这些尝试并未取得巨大突破。

到了 20 世纪 70 年代,专注于知识表示和推理的 AI 研究方法开始受到重视。专家系统(expert systems)在这个时期得以发展,专家系统将人类专家的知识和经验形式化,以应对特定领域的问题。这为 AI 的发展带来了新的可能性。专注于知识表示和推理的 AI 研究方法开始崭露头角。专家系统在医疗诊断、金融风险评估和工程等领域取得了一些成功。然而,这个时期也暴露出一些问题。例如,专家系统的知识获取过程烦琐且容易出错,以及专家系统在处理常识性问题方面的困难。

随着 20 世纪 80 年代计算能力的提升,机器学习开始受到重视。机器学习(machine learning)是具有自适应能力的 AI 研究方法,它可以让机器通过大量数据自主学习并提高性能。早期的 AI 系统在处理常识性问题方面存在困难。虽然它们在特定领域内表现出色,但对于涉及广泛常识和推理的问题缺乏通用性。在这个阶段,著名的机器学习算法,如决策树、神经网络和支持向量机被开发出来。这些算法的使用使机器在某些任务上达到了接近或超越人类的水平,如语音识别和图像识别。然而,由于技术限制,这些算法的应用进展相对较慢。语音识别和计算机视觉的研究需要更多的计算能力和大规模数据集。

(二) 人工智能的突破式发展

进入 21 世纪之后,科技领域进入一个厚积薄发的时期,涌现出的大量科技突破为 AI 的跨越式发展奠定了基础。以下是 AI 的一些关键技术及其发展时间线,这些可以说明为什么 AI 在近年来取得了显著的发展。

1. 计算能力的提升

21 世纪最初十年前期,通用图形处理单元(GPU)的广泛使用,加速了机器学习算法的训练。

21 世纪第二个十年,出现了专门为深度学习任务优化的硬件,如 Google 的 Tensor Processing Unit(TPU)和 NVIDIA 的深度学习加速卡。

2. 大数据

21 世纪最初十年末期,互联网和移动设备的普及导致了大规模数据的产生和存储,为机器学习提供了丰富的训练材料。

大数据的可用性使机器学习模型在更广泛的领域和任务中能够表现出色。

3. 深度学习

21 世纪 10 年代初,深度学习(deep learning)方法(如深度神经网络)在图像和语音识别等领域取得突破性进展。

深度学习的成功归因于更深、更复杂的神经网络架构和更大规模的训练数据。

4. 开放源代码

开源机器学习框架（如 TensorFlow 和 PyTorch）的兴起，促进了合作和知识共享，使更多人能够参与 AI 研究和开发。

5. 云计算和分布式计算

云计算平台的兴起使研究人员和企业可以轻松访问大规模计算资源，进行训练和推断。

分布式计算和容器技术（如 Docker 和 Kubernetes）使 AI 模型的部署和扩展变得更为便捷。

6. 自动化和强化学习

自动化技术和强化学习方法的不断发展，使 AI 系统可以在更复杂的环境中自主学习和决策。例如，自动驾驶汽车和机器人应用。

7. 应用拓展

机器学习和 AI 在众多领域的应用，包括自然语言处理、计算机视觉、医疗保健、金融、物联网和制造业等，推动了 AI 技术的不断演进。

这些应用的成功案例吸引了更多投资和研究，加速了 AI 领域的发展。

可见，AI 的爆发式发展可以追溯到过去 20 年内的多项重要技术和社会因素的相互作用。这些因素共同推动了 AI 技术的快速进步，使其成为当今科技界的热点领域，为各种行业和领域带来了创新和变革。随着时间的推移，AI 或将创造更多新的机会和挑战。

（三）人工智能的现状与发展趋势

1. 深度学习的兴起

深度学习是机器学习的分支，通过模拟大脑神经网络进行信息处理。它已经在图像识别、语音识别、自然语言处理等领域取得了重大突破。

2. 应用拓展

人工智能在众多领域的应用正持续拓展。例如，自然语言处理使机器能够理解和生成人类语言，已应用于机器翻译、智能助理和客户服务等。计算机视觉使机器能够识别图像和视频内容，在无人驾驶、安防监控和医学影像诊断等领域有广泛应用。

3. 自动化和智能机器

越来越多的工作和任务被自动化和智能机器所取代。自动驾驶技术正不断进化,智能机器人可在各种环境中完成复杂任务,如仓储和物流。在工业自动化方面,机器人和自动化系统可以提高生产效率和质量。

4. 强化学习的发展

强化学习是一种通过试错学习的方法,使智能系统能够在未知环境中自主决策和学习。它在游戏、机器人控制和供应链优化等领域发挥重要作用。随着硬件和算法的进一步发展,强化学习有望在更广泛的领域中实现突破。

5. 个性化和智能服务

AI 技术使个性化和智能化的服务成为可能。推荐系统和个性化广告就是利用机器学习算法来预测个人兴趣并提供相关的信息和产品。智能助理(如 Siri 和 Alexa)能够理解用户的语音指令,并提供相应的服务。

6. AI 与人类合作

人工智能技术正逐渐发展成为与人类合作的系统。协作机器人能够与人类共同工作,增强现实和虚拟现实等技术也为人机交互提供了新的方式。

7. AI 伦理和可解释性

AI 的发展引发了一系列伦理和社会问题的讨论,如数据隐私、职业变革和偏见问题。因此,AI 的可解释性和公平性成为关注的焦点,这也是为了让人们更加信任和接受 AI 系统。

8. 多模态学习

AI 系统逐渐涉足多种感知模态的处理,如图像、语音和自然语言等。通过多模态学习,AI 系统可以更全面地理解和分析多模态信息,提高对复杂任务的处理能力。

9. AI 在边缘计算中的应用

随着边缘计算的兴起,AI 算法正逐渐应用于嵌入式设备和边缘节点。这种趋势可以降低数据传输及依赖中心化的云计算,使更多的实时决策和智能反馈成为可能。

当然,AI 仍然面临一些挑战和限制。首先是数据和计算资源的需求。大部分的 AI 算法需要大量的数据训练和存储,也需要强大的计算资源来进行复杂的运算。其次是对大规模复杂问题和常识推理的挑战。虽然 AI 在某些特定任务上表现出色,但在处理复杂问题和常识性推理方面还存在一定困难。此外,伦理和隐私问题也是 AI 发展中需要关注的因素。例如,人工智能在工作岗位自动化方面的影响,以及数据隐私的保护等。

尽管存在这些挑战,AI 的发展潜力依然巨大。未来的发展方向包括强化学习的推动、多模态深度学习的进一步研究和应用,以及对 AI 算法的可解释性和公平性的提升等。同时，合理的伦理和法律框架也需要逐步建立，以确保 AI 的发展和应用能够符合人类的利益和价值观。

综上所述，AI 的发展历史经历了多个阶段，从早期的符号推理到机器学习和深度学习。现在，AI 已经在众多领域展现出了强大的能力，并在日常生活中扮演着越来越重要的角色。尽管面临一些挑战，但 AI 的潜力和发展前景依然广阔，业界普遍认为，人工智能是当前乃至今后很长一段时间内人类最重要的科技发展趋势之一。

二、最具颠覆技术——生成式人工智能

全球著名信息咨询调查机构 Gartner 发布了《2024 年十大战略技术趋势》报告，一系列报告具有近 20 年的历史，一直被视为信息行业的风向标，多次准确预测信息技术的发展方向。这次报告的特别之处在于首次将生成式人工智能列入其中，同时将其评为近 10 年来最具颠覆性的技术之一。这表明，生成式人工智能正处于高速发展阶段，已经在各种应用场景中得到广泛认可，包括技术创新、商业价值等各方面，正逐渐朝着成熟技术阶段迈进。

此外，报告还提到了与生成式人工智能相关的技术，如 AI 增强开发和智能应用。这再次强调了生成式人工智能在各个行业中产生的强大影响，标志着生成式人工智能不仅在技术领域受到广泛认可，而且已经开始改变各行各业的传统方式，从而推动技术和创新的发展。这也表明生成式人工智能将继续在未来发挥关键作用。

（一）什么是生成式人工智能

生成式人工智能是一种新的人工智能技术，它利用人工智能模型，根据给定的主题、关键词、格式、风格等条件，自动生成各种类型的文本、图像、音频、视频等内容，而不仅仅是执行预定任务或回答问题。这种类型的 AI 系统通常基于深度学习模型，其中包括循环神经网络（recurrent neural networks，RNN）和转换器模型（transformer）架构。这些模型具备学习数据的潜力，以便生成更准确和自然的内容。

1. 深度学习模型

深度学习是机器学习的子领域，它试图通过模拟人脑神经网络的工作方式来实现对数据的学习和分析。深度学习的核心思想是构建多层神经网络，这些神经网络由多个神经元和层级组成，可以自动从数据中提取特征并进行高级抽象。它的关键技术点包括多层神经网络、权重和参数学习、自动特征提取等，需要大规模数据和计算资源对其进行支撑。

深度学习的代表性模型包括卷积神经网络(convolutional neural networks, CNN),用于图像处理;循环神经网络(RNN),用于序列数据处理;转换器模型等。深度学习已经在许多领域取得显著的突破,并且在人工智能领域具有重要地位,它使计算机能够执行复杂的任务,如图像识别、自然语言理解和自主决策,已经在各种领域得到广泛应用,包括计算机视觉、自然语言处理、语音识别、推荐系统、医疗诊断、自动驾驶等。

2. 生成式人工智能主要功能

生成式人工智能主要有以下功能。

1) 内容生成

生成式人工智能的核心思想在于系统能够根据输入的数据、上下文,或者通过对模型的训练获得的数据,创造性地生成全新的内容。这一技术的应用领域十分广泛,不仅涵盖文章自动生成、绘画艺术、音乐创作,甚至延伸至电影剧本的创作等多个方面。

在内容生成的过程中,生成式人工智能系统能够模拟并理解大量的输入数据,从而学会其中的模式、风格和创意元素。这种学习能力使系统能够输出具有独特性的、人类难以察觉的由机器创作的内容。例如,在艺术领域,生成式人工智能可以创造出令人惊叹的绘画、雕塑和数字创意类作品。在音乐创作方面,系统能够生成各种音乐风格的作品,甚至能够根据不同情感和场景要求进行创作。这种全新的创作方式为人们提供了更多可能性,也引发了对技术创造性和原创性的深刻思考。

2) 语言生成

生成式人工智能在自然语言处理领域的广泛应用为人们提供了更高效、创新和便捷的语言交流和信息处理方式。系统根据模型的学习和理解能力,能够创造出新颖、逻辑严密的文章,涉及的主题既广泛又深刻。从回答问题到文章创作,生成式人工智能展现了强大的语言生成能力,使其在信息处理和文本创作领域展现出了巨大潜力。

在回答问题方面,生成式人工智能通过对问题的深刻理解和对庞大知识库的学习,能够以自然流畅的方式提供详细而准确的回答。这种技术不仅令人印象深刻,而且在辅助人们获取信息方面具有广泛的应用前景。

翻译文本是生成式人工智能的另一个强项,其模型通过学习多语言之间的关系和语法结构,能够实现高效、准确的文本翻译。这种技术在跨语言沟通和信息传递方面发挥着关键作用。

此外,生成式人工智能的对话生成能力也引起了极大关注。系统可以进行自然而连贯的对话,理解上下文并做出相应回应,使人与机器的交流更为智能和流畅。

3）创造性应用

生成式人工智能在创造性应用方面的潜力正不断发展，为各种艺术和创意领域注入了新的活力。例如，在艺术创作领域，生成式人工智能通过学习艺术作品的风格、主题和技巧，能够创造出令人惊艳的新颖艺术品。这种技术的崭新视角和创作思路为艺术家和设计师提供了丰富的灵感源泉。

在虚拟角色的生成方面，生成式人工智能展现出出色的模仿和创造能力。通过学习大量现实中的人物特征，系统能够生成具有逼真外貌和行为的虚拟角色。这不仅在游戏和虚拟现实领域有着广泛的应用，还为电影和动画制作提供了更加便捷和创新的方式。

生成式人工智能还在生成风格化的图像方面取得显著进展。通过对不同风格的图像进行学习和分析，系统能够模仿并创造出符合特定风格的图像，拓展了图像设计和创意领域的可能性。这项技术为设计师和艺术家提供了全新的工具，促使他们在创意表达中更加大胆、创新。

4）文本摘要和翻译

生成式人工智能能够自动生成文章的摘要、文档的翻译，甚至将文本翻译成多种语言。这种技术的基础是深度学习算法，它能够从大量数据中学习并生成新的文本内容，可以帮助我们更好地处理大量的文本数据。

生成式人工智能可以用于自动摘要长篇文章。通过分析文章的主题和主要内容，该技术可以生成简短的摘要，概括文章的主要观点和信息。这一功能可以帮助读者快速了解文章的大致内容，提高阅读效率。此外，生成式人工智能还可以自动为新闻报道生成摘要，以便读者在短时间内获取信息。

生成式人工智能还可以用于文档的翻译。这项技术可以根据文档的内容和语言特点，将其翻译成多种语言。这对于需要阅读和理解不同语言的文档的用户来说，是一项非常有用的功能。此外，生成式人工智能还可以在翻译过程中处理特定的术语和表达方式，以确保翻译的准确性和一致性。

5）聊天机器人

生成式人工智能被广泛应用于开发聊天机器人，这些机器人能够与用户进行自然对话，并做出有意义的回应。通过深度学习算法和大量的语料库训练，聊天机器人可以学习和模拟人类的语言模式，与用户进行流畅的交流。

这些机器人可以在各种场景下使用，包括客户服务、教育辅导、健康咨询和娱乐游戏等。它们能够理解用户的问题和需求，并以自然的方式回答问题、提供信息或指导。聊天机器人还可以根据用户的反馈和行为进行自我学习和优化，以提高其性能和准确性。

这些自然对话的聊天机器人使人们可以在任何时间、任何地点获得所需的信息和帮助。同时,它们也提高了用户体验,使交流更加自然和舒适。因此,生成式人工智能在聊天机器人领域的应用推动了人工智能技术的进一步发展。

(二) 内容生成模式比较

内容生成模式(content generation modes)是指产生和创建各种形式内容的方式和方法。在数字化时代,各种内容生成模式得到了广泛应用,使人们能够创造、编辑和分享多样化的内容。当前的内容生成模式主要有人工智能生成内容、用户生成内容和专业生成内容等,它们在内容创建、编辑和分发方面有不同的特点。

1. 人工智能生成内容

人工智能生成内容(artificial intelligence-generated content,AIGC)是指由人工智能系统生成的各种内容,包括文本、图像、音频等。这些内容是通过深度学习模型等技术生成的,而非由人类创作者手工制作的。生成式人工智能可以用于自动化内容生成,如新闻报道、文本生成、图像合成等。生成式人工智能专注于生成内容,通常用于自动化和大规模的内容生产,以减轻人工创作者的工作负担。

生成式人工智能在内容生成领域具有巨大的潜力。它可以通过学习大量的训练数据和模式来生成与人类创作相似的内容。例如,在新闻报道领域,生成式人工智能可以分析和摘要大量新闻信息,并自动生成高质量的新闻报道。这项技术不仅可以提高新闻报道的速度和效率,还可以帮助新闻机构扩大新闻覆盖范围。

生成式人工智能可以自动生成各种类型的文本,如文章、故事、评论等。这项技术可以广泛应用于内容营销、社交媒体管理和个性化推荐等领域。生成式人工智能还可以实现图像合成,将不同的图像元素组合在一起,生成全新的图像作品。生成式人工智能为内容生成领域带来了许多新的机会和挑战。它的自动化和高效性使内容生产变得更加便利和可行。

2. 用户生成内容

用户生成内容(user-generated content,UGC)是由普通用户或社交媒体用户创建和共享的内容,如社交媒体的帖子、评论、视频、照片等。这些内容通常由个人或用户群体生成,而非专业创作者。UGC 广泛用于社交媒体平台、在线社区和用户参与型网站。用户可以自由创建和分享内容,与其他用户互动。UGC 侧重于用户创造和共享内容,强调社交互动和用户参与。

UGC 的兴起得益于互联网技术的发展和社交媒体的普及。它为普通用户提供了一个平台,让他们能够表达观点、分享经验、展示才华和与他人互动。用户使用社交媒体平台,可以发布自己的创意、记忆和生活瞬间,获得朋友和关注者的点赞、评论和分享。UGC 不仅推动了用户之间的互动和社群的形成,还为品牌和营销者提供了一个直接接触和参与用户的渠道。

UGC 在社交媒体平台和在线社区的应用非常广泛。例如,通过发布帖子、评论和分享链接,用户可以参与讨论、表达观点和共享资源。视频社交平台允许用户上传和分享自己创作的视频,与其他用户共同创造和分享内容。照片共享平台则成为用户记录和分享生活的图像日志。

UGC 的重要性体现在用户参与和社交互动的程度上。它不仅满足了用户的沟通和表达需求,还为品牌和企业提供了更深入了解用户喜好和需求的渠道。然而,UGC 也面临一些挑战,如内容质量的不确定性、侵权和虚假信息等。

3. 专业生成内容

专业生成内容(professionally-generated content,PGC)是由经验丰富的专业创作者、制作团队或机构创作的各种形式的内容,涵盖电影、电视节目、新闻报道、出版物等领域。这些内容经过精心策划和制作,以确保其具备高质量和专业水准。PGC 主要存在于传统媒体领域,包括电影工业、广播及新闻出版等领域,而专业创作者通常是这些领域的中流砥柱。

在 PGC 的创作过程中,强调内容的专业性和高质量制作。为达到这一目标,创作者和制作团队通常需要投入大量的资源、精力和时间。他们可能进行详尽的市场调研,制订精准的创意方案,选择合适的演员和制作团队成员,以确保最终产出的内容能够在各个层面达到专业水准。

无论是电影还是电视节目,PGC 都注重在表达故事情节和传递信息的过程中保持高水准的创作。这种专业性不仅表现在技术层面,还体现在深度的文学和艺术价值等层面。因此,PGC 的产出常常是令人期待的,引人入胜的作品为观众提供了高品质的娱乐和信息体验。

总的来说,人工智能生成内容是由人工智能系统生成的内容,用户生成内容是由用户创造和共享的内容,而专业生成内容是由专业创作者生成的内容,这三者在内容生成、质量、来源和应用领域等方面存在差异,各有其独有的特点和用途。

(三)生成式人工智能的应用领域

生成式人工智能的应用领域非常广泛,涵盖了许多不同的行业。

1. 新闻和媒体

生成式人工智能可以用于自动生成新闻报道。通过对新闻素材进行分析和整理,该技术可以自动撰写出结构清晰、内容翔实的新闻报道。这项功能可以帮助新闻机构提高新闻报道的效率,更快地发布新闻内容,满足读者的需求。

生成式人工智能在新闻摘要和标题生成方面也具有显著优势。通过概括新闻报道的主要内容,生成式人工智能可以快速生成简洁明了的新闻摘要。同时,它还能够根据新闻内容自动创建吸引人的新闻标题,提高新闻的点击率和阅读量。

此外,生成式人工智能还可以用于自动化新闻更新和实时报道。在新闻报道的过程中,人工智能可以根据实时数据和事件进展自动更新新闻内容,为读者提供最新、最全面的新闻信息。这项技术在重大事件和突发事件的报道中尤为重要,可以帮助新闻机构迅速响应事件发展,确保新闻报道的实时性和准确性。

生成式人工智能在新闻产业中的应用具有广泛的前景。它不仅可以提高新闻报道的效率,还可以提升新闻质量和准确性。通过自动生成新闻报道、摘要、标题及实时更新新闻内容,生成式人工智能为新闻产业注入了新的活力,促进了新闻传播的智能化和现代化。同时也需要关注人工智能新闻技术可能带来的伦理和质量问题,以确保新闻的真实性、客观性和公正性。

2. 数字营销

生成式人工智能在数字营销领域具有广泛的应用,能够用于创建广告文案、平面广告内容、视频广告内容、广告软文等,以提高数字营销活动的效率。生成式人工智能技术通过深度学习和自然语言处理等技术,能够生成精彩的吸引目标受众的内容,从而提升品牌曝光度和用户参与度。

生成式人工智能可以用于创建广告文案。通过学习市场趋势、产品特点和目标用户的兴趣偏好,生成式人工智能能够自动生成与品牌和产品相关的精准文案。这些文案能够在重要的广告渠道中吸引目标受众的注意力,增加品牌认知度和用户互动。

生成式人工智能也可以用于平面广告内容的创作。它可以根据广告主的品牌形象和广告需求,自动生成符合规格和要求的平面广告设计。从颜色搭配到排版布局,生成式人工智能能够生成视觉吸引力强、与品牌形象一致的广告内容,提高品牌在目标受众中的影响力。

随着算力与算法的发展,生成式人工智能可以用于视频广告内容的创作。它能够自动生成视频剪辑和特效,根据广告主的需求和目标受众的喜好,生成与品牌形象相符合的吸引人的视频广告内容。这种技术的应用不仅提高了视频广告制作的效率,还能够打造出高质量、令人印象深刻的视频广告,增加用户对品牌的关注度。

此外,生成式人工智能还可以用于广告软文的生成。通过分析大量的广告文案和目标受众的喜好、兴趣等数据,生成式人工智能可以自动生成富有创意和引人入胜的广告软文。这样的内容能够在营销活动中起到引导用户购买决策的作用,提高转化率和销售额。

总的来说,生成式人工智能在数字营销领域的应用为品牌和企业带来了巨大的优势。这不仅节省了时间和资源,还能更好地吸引目标受众,增加用户互动和品牌认知度。然而,尽管生成式人工智能技术在内容创作方面具有巨大的潜力,但仍需合理运用,确保生成的内容与品牌形象和用户期望保持一致,并注重人类创作的独特性和创意。

3. 内容创作平台

生成式人工智能在内容创作领域具有广泛的应用,可以协助用户快速生成各种形式的文字内容,包括文章、博客、故事等,从而填充内容创作平台。这种应用不仅提高了内容生成的效率,也在保持平台的活跃度和多样性方面发挥着关键作用。

利用生成式人工智能,用户可以更轻松地产生大量文本,从简单的段落到复杂的故事情节。这样的快速生成功能为那些需要频繁更新并保持新鲜感的内容创作平台提供了重要支持。而在用户参与度方面,平台的活跃度也得以提高,因为更多的内容将吸引更多的读者和作者,形成一个更加繁荣的创作社区。

生成式人工智能不仅可以在文本生成上提供帮助,还能够适应不同的主题和风格,从而确保生成的内容在多样性上具备灵活性。这有助于避免平台内容单一化,满足用户对各种主题和文体的需求。因此,生成式人工智能在填充内容创作平台、保持活跃度和多样性方面为用户提供了强大的工具,促进了创意的迸发和社区的繁荣。

4. 电子商务

生成式人工智能在电子商务领域具有重要的应用,可以用于生成产品描述、评论、推荐内容等,有效地帮助电子商务平台更快速地填充丰富的产品信息,从而提升用户体验。

利用生成式人工智能,电子商务平台能够自动生成详尽而引人入胜的产品描述,使商品特色和优势得以清晰地传达给潜在购买者。同时,系统还可以生成真实而富有说服力的用户评论,为产品增添信任度和吸引力。此外,生成式人工智能还能提供个性化的产品推荐内容,根据用户的历史购买记录和兴趣,更准确地满足用户的需求,从而提高购物体验。

通过这种方式,电子商务平台不仅能够迅速填充产品信息,而且能够确保这些信息是准确、引人注目的。这对吸引用户、提高网站的搜索引擎排名及增加销售机会都至关重要。生成式人工智能的应用使电子商务平台能够更灵活、高效地满足不断增长的产品信息需求,为用户提供更为丰富和个性化的购物体验。

5. 游戏开发

生成式人工智能在游戏开发领域发挥着关键作用,可以用于生成游戏剧情、对话、任务描述等元素,有效地协助游戏开发者迅速构建丰富的游戏内容,从而节省开发时间。

利用生成式人工智能,游戏开发者能够快速生成各种类型的游戏元素,如引人入胜的剧情情节、生动自然的对话场景及富有挑战性的任务描述。这不仅有助于提高游戏的故事性和趣味性,还使游戏内容更加多样和创新。生成式人工智能的灵活性使游戏开发者能够在不同主题、风格和难度水平上创建独特而令人向往的游戏体验。

对游戏开发者而言,使用生成式人工智能带来的一大优势是节省开发时间。生成式算法可以迅速生成大量的文本内容,减轻了开发者手动创作的负担。这样的高效率使游戏开发周期缩短,也允许开发者更专注于其他关键方面,如游戏机制的设计、图形效果的优化等,提高整体开发质量。

因此,生成式人工智能在游戏开发中的应用不仅丰富了游戏内容,还有效地提升了游戏开发的效率,为开发者提供了更多创作的空间和时间。

6. 教育

生成式人工智能为教育机构和教师提供了一种创新的方式,通过自动生成教育内容,丰富了教学资源的多样性,有助于个性化和灵活化的教学方法的实施。这进一步推动了教育领域的发展,提升了教学效果和学生的学习体验。

通过生成式人工智能,教育机构和教师能够快速创建丰富多样的教育资源,包括教案、课程大纲等各种教育资料,从而满足不同学科和学年的需求。生成式算法能够模拟并生成高质量的文本内容,使教学材料更加生动、有趣,从而提高学生的学习积极性。

此外,生成式人工智能还可以用于生成题目解答,为教师提供更多的教学辅助。这种技术可以生成详细而清晰的问题解答,帮助学生更好地理解知识点和解决问题。同时,生成式算法还能够适应不同难度和题型的要求,为教育机构提供更灵活的教学资源。

7. 艺术创作

生成式人工智能为艺术家提供了一个创新的途径,通过生成各种艺术作品,不仅能够激发创作灵感,还可以在创作的早期阶段提供快速原型,推动艺术创作的多样性和创新性。

在绘画方面,生成式人工智能能够模拟艺术家的风格和技巧,生成各种风格独特、富有创意的艺术品。这有助于艺术家在创作过程中获得新的想法,拓展创作的可能性。生成式算法可以生成绘画的草图、色彩搭配建议,甚至完整的艺术作品,为艺术家提供一个启发性的起点。

在音乐创作方面,生成式人工智能可以生成多种风格的音乐片段,包括旋律、和声和节奏等元素。这为音乐家提供了快速创作原型的途径,也可以用作灵感的来源。生成式音乐可以涵盖多种风格和情感,为艺术家提供更丰富的音乐创作素材。

在诗歌创作领域,生成式人工智能可以生成各种主题和风格的诗歌,包括形式诗、自由诗等。这不仅为诗人提供了创作的灵感,还可以用作诗歌创作的初步构想。生成式算法能够模拟语言的美感和表达能力,为艺术家提供了一个丰富多样的诗歌创作工具。

8. 自然语言处理应用

生成式人工智能能够有效协助系统生成自然而流畅的文本,提升用户体验并提供更高质量的语言处理服务。

在机器翻译方面,生成式人工智能能够根据上下文、语境和语法规则生成准确、自然的翻译结果。通过模拟人类语言表达方式,它能够更好地捕捉语境的细微差异,从而提高翻译质量,使翻译结果更加符合目标语言的表达习惯。

在智能助手和对话系统方面,生成式人工智能有助于生成更富有表现力、自然的对话。通过理解用户输入的语境,系统可以生成贴近人类语言习惯的回应,增强用户体验。这种技术使智能助手能够更灵活地应对各种交流场景,从简单的指令执行到复杂的对话交流,都能够应对自如。

生成式人工智能的优势还在于其对语言的理解和生成的灵活性。系统能够处理各种语言结构,生成更具表现力的语句,使输出更加富有人文关怀,更符合自然语言的习惯。这对提高用户与系统交互的自然度和舒适度至关重要。

综合而言,生成式人工智能在自然语言处理应用中的重要作用体现在提高翻译质量、增强对话系统的自然性及优化智能助手的表达能力等方面,为语言处理技术的发展提供了巨大的推动力。

9. 医疗领域

生成式人工智能可以用于生成医学报告、临床指南、病历摘要等方面,从而显著提高医疗专业人员的工作效率。

在医学报告的生成方面,生成式人工智能能够模拟医学专业的写作风格和术语,生成准确、清晰的医学报告。这有助于医疗专业人员迅速整理和记录患者的病情、诊断结果及治疗建议,从而节省大量的时间和精力。

临床指南的制作同样可以受益于生成式人工智能。系统可以根据最新的医学研究和治疗方案,生成最新的临床指南,为医生提供及时、可靠的参考信息。这有助于医疗专业人员在实践中更好地遵循最新的医学指导,提高临床决策的水平。

在整理病历摘要方面,生成式人工智能可以迅速提取关键信息,生成简明扼要的病历总结。医疗专业人员可以通过这样的生成工具更有效地了解患者的病史、诊断结果和治疗方案,有助于加速医疗决策和沟通。

生成式人工智能为医疗专业人员提供了强大的辅助工具,通过自动生成医学文本,提高了医疗工作的效率。这种技术的应用不仅有助于加速信息处理和文档生成,还使医护人员有更多时间专注于患者护理和其他关键性的医疗工作。

10. 虚拟角色和游戏 NPC

利用生成式人工智能,虚拟角色可以被赋予更自然、多样且引人入胜的对话。系统可以模拟不同个性、语言风格和情感状态,使虚拟角色的交流更加真实,增加与用户的互动体验。这使虚拟世界更富有情感色彩,更贴近现实生活。

此外,生成式人工智能还能够生成虚拟角色的行为,包括动作、表情和互动方式。通过对行为模式的模拟,虚拟角色能够更生动地呈现在虚拟环境中,使用户感觉仿佛与真实人物进行交流和互动。这为虚拟世界的情节发展、游戏设计及虚拟现实体验提供了更多的可能性。

生成式人工智能的应用不仅仅局限于文字和行为的生成,还能够涵盖音频和视觉等多个方面。这为虚拟世界的创作者提供了更广阔的创作空间,使虚拟角色在表现形式和互动方式上更加丰富多彩。

总体而言,生成式人工智能的使用使虚拟世界的创作变得更加灵活和创新,为用户提供了更具沉浸感和娱乐性的虚拟体验。

(四) 生成式人工智能存在的问题与不足

生成式人工智能作为自动化和智能化的内容生成技术,也面临着一些不足和问题。以下是生成式人工智能可能存在的一些挑战。

1. 内容质量控制

生成式人工智能的生成内容质量参差不齐,有些结果可能缺乏逻辑、存在语法错误或信息不准确。

在内容质量方面,生成式人工智能可能受到训练数据的影响,导致生成的文本或信息在逻辑结构上存在一定的问题。一些生成结果可能缺乏上下文的一致性,造成信息断层或表达不连贯,影响了内容的整体质量。

另外,语法错误也是生成式人工智能常见的问题之一。由于模型在生成文本时并非总能准确理解语法规则,因此结果中可能包含拼写错误、语法结构混乱等问题,给用户带来理解上的困扰。

信息的准确性也是需要关注的问题。生成式人工智能在创造文本时可能受到误导性信息的影响,导致生成的内容存在错误的事实陈述或不准确的描述。

这种情况在需要高度专业领域知识的文本生成中尤为明显。

为解决这些问题,对生成式人工智能的输出进行监控和调整是至关重要的。这可能涉及设计更精细的模型训练和微调方法,以及引入人工审核机制,确保生成的内容在逻辑、语法和事实上都达到高质量的标准。在应用中,建立完善的质量控制流程和反馈机制也是确保生成式人工智能有效运作的关键。

2. 伦理和道德考量

生成式人工智能可能面临伦理和道德问题,如虚假新闻、内容侵权、隐私泄露等。

生成式人工智能可能受到训练数据中的误导性信息影响而生成不准确的内容,导致虚假新闻的传播。这种情况可能对公众产生负面影响,因此在使用这类技术时需要对内容进行严格审查和监控,以确保生成的信息准确可靠。

内容侵权也是一个备受关注的问题。生成式人工智能可能在生成内容时使用了受版权保护的素材,导致侵权问题的产生。因此,在生成过程中需要考虑知识产权的合法性,并采取适当的措施,以避免侵权纠纷。

隐私泄露是另一个值得关注的伦理问题。在处理大量用户数据时,生成式人工智能可能面临潜在的隐私泄露风险。因此,在使用这类技术时,需要制定严格的数据隐私政策和安全措施,确保用户的隐私得到充分保护。

为解决这些伦理和道德问题,生成式人工智能的组织和开发者需要遵循道德准则和法规,确保技术的应用符合社会和法律的规范。这包括透明地向用户说明数据使用政策、取得必要的授权、进行严格的内容审查及采取有效的隐私保护措施,以确保生成式人工智能的使用不仅在技术上先进,而且在伦理和道德层面也得到充分考虑。

3. 创造力和独特性限制

虽然生成式人工智能可以生成大量内容,但它可能缺乏人类创作者的想象力、创意和独特性。与人类创作者相比,生成式人工智能可能无法提供高度个性化和独特的内容体验。

虽然生成式人工智能在模仿和学习大量数据的基础上能够生成各种文本、图像或音乐,但它通常是在已知数据的基础上进行操作,难以超越人类创作者的独特思维和创意表达。人类创作者能够将各种看似不相关的元素融合,产生独特的创作,而生成式人工智能可能难以达到这种跨越多领域、独创性的水平。

此外,生成式人工智能生成的内容可能受到训练数据的限制,导致输出内容过于模式化或受限于先前学到的规律,难以创造出真正意义上的富有创新和突破性的作品。因此,虽然生成式人工智能在生成数量上有优势,但在创造性和独特性方面还存在一定局限。

在提升生成式人工智能创造力方面,需要不断深化算法、扩充训练数据,以及引入更加先进的模型结构。同时,结合人类创作者的审美和思考过程,通过协同创作的方式,或许能够弥补生成式人工智能在独特性和创意上的局限性。综合来看,尽管生成式人工智能在创造性领域面临一些挑战,但随着技术的不断发展和创新,可以期待未来在这方面取得更多突破。

4. 数据偏见和倾向性

生成式人工智能的生成模型是基于训练数据来学习和生成内容的。如果训练数据存在偏见或倾向性,那么生成的内容可能会反映这些问题,产生有偏见或不公正的结果。

生成式人工智能的模型在学习阶段通过大量的数据进行训练,这些数据通常来自现实世界,可能包含社会和文化中存在的各种偏见。例如,如果训练数据主要反映某一特定群体或文化的观点,生成式人工智能可能在生成内容时表现出与该群体或文化相关的倾向性。这可能导致生成的内容对其他群体或观点的不公平或歧视性的反映。

此外,训练数据的不完整性也可能引入偏见。如果模型在训练过程中未能充分涵盖所有相关领域或代表所有群体,生成的内容可能会在这些方面存在缺失和倾向性。

解决这一问题的方法包括使用更加多样化、全面的训练数据,以确保模型能够更全面地理解和学习不同群体和观点。此外,对生成的内容进行审查和监控,引入透明度机制以了解模型的决策过程,都是帮助解决数据偏见和倾向性的有效手段。在实际应用中,关注数据的质量、多元性,并采取纠正措施,是确保生成式人工智能生成内容更加公正和中立的重要步骤。

5. 透明度和解释性

生成式人工智能的生成过程通常被视为黑箱,使用者往往无法深入理解和解释生成结果的原因和依据。这可能导致信任问题和使用上的困难。

生成式人工智能的模型复杂度较高,其内部运作机制可能涉及大量参数和计算步骤,这使其生成过程难以被用户直观理解。用户可能面临无法解释生成结果的问题,无法准确把握模型为何做出特定的决策或生成特定的内容。

这种不透明性可能对用户信任产生负面影响。用户在无法理解模型生成内容的过程和原理时,可能对生成结果的准确性和可靠性产生疑虑,进而影响其对生成式人工智能的信任度。

为解决这一问题,提高透明度和解释性成为关键任务。一方面,研究者和开发者需要努力提供更具可解释性的生成式人工智能模型,使用户能够理解模型是如何得出特定结果的。这可能涉及可解释性模型的设计、对抗性训练及开发友好的用户界面,帮助用户更好地理解和解释生成过程。另一方面,教育用户,使其了解生成式人工智能的基本原理和局限性,也是提高透明度的途径之一。通过为用户提供关于模型工作原理的信息和培训,可以增加用户对生成结果的理解,提高其对模型的信任感。综合来看,透明度和解释性的提高对于生成式人工智能技术的可接受性和用户满意度至关重要。

6. 人机平衡

生成式人工智能的普及可能让人们过于依赖机器生成的内容,缺乏人类的判断和批判思维。在处理重要和敏感问题时,仍需要人类的参与和决策。

随着生成式人工智能的发展,人们可能倾向于过度依赖机器生成的信息,将其视为绝对准确和权威的来源。这可能带来的风险是,人们在面对重要议题、决策或敏感问题时,可能会过于依赖机器生成的结果,从而忽视了人类独有的思考、伦理判断和道德责任。

人机平衡的关键在于在使用生成式人工智能时保持适当的人类参与。人类具有独特的判断能力、道德观念和社会背景,这些都是机器所缺乏的。在处理关系到生命、财产、隐私等方面的事务时,仍然需要人类的决策来确保结果的合理性和公正性。

为维护人机平衡,需要建立明确的决策责任和监督机制。这可能包括强调人工智能系统的辅助性质,明确其在决策中的辅助角色,而非替代角色。此外,提高公众对人工智能的透明度和理解,以促使人们更加理性地运用生成式人工智能,并在关键时刻保持对人类判断的依赖。在这个过程中,培养用户对人工智能工具的正确认知和使用意识也是至关重要的。

尽管生成式人工智能存在诸多问题与不足,但作为近 10 年最具颠覆的技术之一,它正以势不可挡的态势带着各行各业奔向未来。无论人们对它持何种态度,甚至是否愿意接纳,生成式人工智能的时代已然到来。

第二节　高职数字创意类专业教学的现状与问题

下面以高职数字创意类专业为例开展相关研究,阐述在生成式人工智能时代高职项目教学评价体系应该如何构建,并分析如何开展相关的教学评价工作。

一、高职数字创意类专业的教学模式应用现状

(一)数字创意类行业对人才与专业教学的特殊需求

1. 对人才的特殊需求

数字创意类行业具有一些特殊性,对人才的需求也与其他行业有所区别。

总结起来,数字创意类行业对从业人才有以下几个突出需求。

(1)创意性强。数字创意类领域强调创意和艺术性。从游戏设计到动画制作,创作者需要拥有创造力和审美眼光,以创造吸引人的视觉和美学体验。

(2)技术技能。数字创意类行业需要专业的技术技能,包括计算机图形、3D建模、动画制作、编程和视觉效果等。艺术家必须精通相关工具和软件,以便将他们的创意转化为现实。

(3)团队合作。在数字创意类项目中,通常需要多个专业人员协同工作,包括艺术家、程序员、设计师和制片人。因此,团队合作和沟通技能对成功完成项目至关重要。

(4)持续学习。随着数字创意类领域的技术和工具不断发展和演进,艺术家需要持续学习和更新技能,以跟上行业的最新趋势。

(5)项目执行能力。数字创意类项目通常需要较长的制作周期,从几个月到数年不等,因此,对耐心和毅力的要求很高,也需要良好的项目管理能力。

(6)多样性。数字创意类领域的应用非常广泛,包括电影、电视、游戏、虚拟现实、增强现实、广告等,因此,不同的数字创意类领域可能对人才有不同的要求。

(7)持续竞争。数字创意类领域竞争激烈,成功的艺术家通常需要有独特的视角和杰出的作品,才能脱颖而出。

总的来说,数字创意类行业对创意、技术和团队协作都有较高的要求,也要求从业者不断学习和适应变化。

2. 对专业教学的特殊需求

对以培养直接从业人才为目标的高职数字创意类专业来说,其专业教学需要紧密结合数字创意类行业的特征,因此专业教学要能满足以下需求。

(1)实践导向的教学。数字创意类行业强调实践能力和创意表达能力,因此数字创意类专业的教学需要注重实践导向的教学。学生需要有机会参与实际项目,进行实践应用和创作实践,培养实际操作技能和创意思维能力。

(2)跨学科综合应用。数字创意类行业涉及多个学科领域,如图形设计、动画制作、影视后期制作等。因此,高职数字创意类专业的教学需要强调跨学科的综合应用能力培养,促使学生将不同学科领域的知识和技能整合应用于实际创作中。

(3)合作和团队工作。数字创意类行业往往需要与他人合作完成项目,因此高职数字创意类专业的教学需要注重合作和团队工作能力的培养。学生应该有机会参与团队项目,并学习沟通、合作和协调的技巧。

(4)创新和实验精神。数字创意类行业需要不断地创新和实验,因此高职数字创意类专业的教学需要培养学生的创新和实验精神。学生应该被鼓励尝试新的创作方式和技术，通过实验和反思不断推动自己的艺术发展。

（5）行业导向的教师指导。高职数字创意类专业的教学需要有行业经验丰富的教师指导。教师应具备行业背景和专业经验，可以向学生传授实际应用技巧、介绍行业趋势，帮助学生更好地适应数字创意类行业的就业需要。

（6）不断更新的教学资源。数字创意类行业处于快速发展和变化中，因此高职数字创意类专业需要不断更新和提供最新的教学资源。教学应该结合行业最新的技术和工具，以满足学生的实践需求，并帮助他们跟上行业的发展步伐。

高职数字创意类专业的教学需要注重实践导向、跨学科综合应用、合作和团队工作能力、创新和实验精神等方面的培养。通过与数字创意类行业紧密联系，高职数字创意类专业的教学可以更好地满足学生的职业需求，并培养学生成为具备实际操作能力和创新能力的数字创意类专业人才。

（二）高职数字创意类专业常见的几种教学模式比较

1. 传统教学模式

传统教学模式是指以教师为中心，强调教师的讲解和学生的被动接受的教学方法。

传统教学模式的优点主要如下。

（1）明确的结构和组织。传统教学模式通常具有明确的课堂结构和内容组织，教师可以有效地控制教学进度和内容安排。

（2）高效的知识传授。教师在传统教学模式中扮演知识传授者的角色，可以有效地将知识传达给学生，帮助学生理解基础知识和概念。

（3）教师的专业指导。在传统教学模式中，教师可以提供专业的指导和解释，为学生提供准确的知识和信息，帮助学生理解和掌握学科内容。

（4）统一的学习目标和标准。传统教学模式有助于确保学生对学习目标和学科标准有一致的理解，促进教育的一致性和公平性。

可见，传统教学模式具有高效、标准性高、接受程度高等特点，因此，它仍然是当前应用最广泛的教学模式。当然，传统教学模式的缺点也很明显。

（1）学生参与度不高。传统教学模式强调教师的讲解和学生的被动接受，学生的主动参与和互动较少，缺乏积极的学习动力。

（2）缺乏个性化注意力。在传统教学模式中，教师往往难以为每个学生提供个性化的关注和支持，不能满足学生个体差异和学习风格的需要。

（3）缺乏批判性思维和创新能力的培养。传统教学模式更多地强调学科知识的传授，较少涉及学生的批判性思维和创新能力的培养。

（4）缺乏实践应用。传统教学模式偏向于知识的传授和理论的讲解，而在实践应用和解决实际问题能力的培养方面则显得相对不足。

（5）学生的被动角色。在传统教学模式中，学生通常扮演被动接受知识的角色，缺乏主动学习意识和学习动力。

传统教学模式在知识传授和教师指导方面虽具有一定的优势，但在学生主动学习、个性化关注和实践应用等方面存在一些不足。因此，单纯应用传统教学模式已不能满足当前的高职教学需要。在教学中，需要综合考虑教学目标、学生需求和教学创新等因素，借鉴和整合不同教学模式的优点，以提供更丰富、个性化和有效的教育体验。

2. 合作学习模式

合作学习是一种教学模式，它鼓励学生通过合作完成任务、解决问题或学习新知识。在这种学习模式中，学生与同学或团队成员合作，共同努力实现学术或教育目标。合作学习侧重于促进学生之间的互动、协作和共享，以提高他们的理解能力、学习动力和社交技能。数字创意类专业的很多教学任务需要协作完成，因此这也是高职数字创意类专业十分常用的教学模式。

合作学习模式具有以下优点。

（1）促进互动和社交技能发展。合作学习鼓励学生与他人合作，交流和分享观点。这有助于提高他们的社交技能，如沟通、团队合作和冲突解决能力。

（2）促进深度学习。学生通过与同伴讨论和合作，能够更深入地理解学科内容。他们不仅可以学习从教科书或教师那里得到信息，还可以从不同的视角和经验中受益。

（3）提高学习动力。合作学习可以激发学生的学习兴趣和积极性，因为他们感受到了他人的支持和鼓励。

（4）促进多元化和包容性。合作学习可以促进不同背景、文化和能力水平的学生之间的交流和理解，有助于创建包容性的学习环境。

（5）减轻孤立感。学生在合作学习中减轻了孤立感和焦虑情绪。

合作学习模式给教学评价与过程监控提出很多挑战，其缺点体现在以下几点。

（1）不平衡的参与。在合作学习中，一些学生可能更积极参与，而其他人可能退缩或依赖他人。这可能导致不平衡的贡献和不公平的成绩分配。

（2）时间管理问题。合作学习可能需要更多的时间来组织和协调，特别是在大型团队项目中。这可能会导致时间管理和进度控制方面的挑战。

（3）个体差异。学生的学习风格和能力水平各异。合作学习可能不适合每个人，因为某些学生更喜欢独立学习，而其他人可能更愿意与他人协作。

（4）冲突和不一致。合作学习可能导致意见分歧和冲突，这可能会干扰学习过程,尤其是当团队无法有效解决问题时。

（5）评价问题。评价合作学习项目的学生表现可能更加复杂,因为需要考虑个体贡献和团队协作。这可能需要更多的时间和资源。

合作学习模式确实可以提供许多重要的教育和社交优势,但也需要教师的巧妙引导和管理,以确保所有学生受益。最好的方法可能是将合作学习模式与其他教学模式结合使用,以满足不同学生的需求。

3. 问题导向教学模式

问题导向教学模式最早可以追溯到苏格拉底的产婆术教学法,其核心理念是通过提出引导性问题来引导学生进行学习和思考,从而促使他们主动地探索、发现知识。这种教学模式侧重于培养学生的批判性思维、解决问题的能力和自主学习的能力。

问题导向教学模式具有以下优点。

（1）激发学习动机和兴趣。问题导向教学模式可以激发学生的学习动机和兴趣,因为他们往往对问题或挑战感到好奇和投入。

（2）培养批判性思维和解决问题的能力。这种教学模式鼓励学生运用批判性思维来分析问题、评估信息和提出解决方案,使他们能够独立思考、发现关联和解决复杂的问题。

（3）促进深度学习和知识的长期记忆。通过探索和解决问题,学生能够更深入地理解学科内容,并将知识应用于实际情境中,从而促进知识的长期记忆和应用。

（4）促进自主学习和学习技能的发展。问题导向教学模式鼓励学生主动参与和负责自己的学习。他们可以通过独立思考、自主学习和解决问题的经验来培养学习技能。

（5）增强合作和交流能力。学生通常在问题导向的教学中需要与他人合作、讨论和分享观点。这有助于提高他们的合作和交流能力,促进团队合作。

问题导向教学模式的缺点体现在以下几点。

（1）增加课堂时间压力。问题导向教学模式可能需要更多的时间来引出问题、组织学生讨论和实施项目。这可能让教师面临时间压力,难以按原定计划完成全部课程内容。

（2）个体差异和学习差异。由于不同学生的学习节奏和能力存在差异,问题导向教学模式可能让某些学生无法跟上或感到过大的学习压力。

（3）评估和评分困难。问题导向教学模式可能使评估和评分变得复杂,因为学生的学习成果和表现可能因问题的复杂性和个体差异而有所不同。

（4）需要教师的巧妙引导和支持。问题导向教学模式需要教师具备良好的指导和支持能力,以确保学生能够充分理解问题、合理解决问题并取得学习成果。

(5) 可能存在知识覆盖的不足。由于问题导向教学模式注重深度学习和问题解决,可能导致教学无法完整地涵盖课程的全部内容。

问题导向教学模式在激发学生学习动机、培养批判性思维和解决问题能力方面具有明显的优势。然而,教师需要面对课堂时间压力、个体差异和评估困难等一些潜在的挑战。因此,在当前的高职数字创意类专业教学中,这种教学模式被零星地应用在单独的教学环节,作为其他教学模式的辅助。

4. 项目教学模式

项目教学模式是一种以项目为核心的教育方法,学生通过参与和完成项目来学习和掌握知识与技能。这种教学模式也有许多优点和一些潜在的缺点,其优点体现在以下几点。

(1) 实际应用。项目教学模式侧重于将学科知识应用于实际情境中。学生通过完成项目,能够更好地理解如何将所学知识用于解决实际问题。

(2) 深度学习。项目教学模式鼓励学生深入学习和探索主题。他们需要进行研究、分析信息、解决问题,这有助于学生更深入地理解课程内容。

(3) 跨学科学习。项目通常涉及多个学科领域,项目教学模式鼓励学生综合运用各种知识和技能,有助于培养学生的综合性思维和跨学科能力。

(4) 提高问题解决能力。项目教学模式旨在培养学生的问题解决能力和决策能力。他们需要制订计划、设定目标、采取行动,并不断调整策略以实现项目目标。

(5) 促进合作和团队合作。许多项目要求学生在团队合作中完成任务,这有助于提高学生的交流和协作能力。

(6) 提高创造力和创新性。项目教学模式鼓励学生提出创新性的解决方案,培养他们的创造力和创新思维。

(7) 学习自主性。学生通常需要自主管理项目,包括时间安排、资源获取和任务分配,这有助于培养学生的自主学习能力。

项目教学模式的缺点体现在以下几点。

(1) 更多的时间和资源。项目教学模式可能需要更多的时间和资源来策划和实施。教师需要在项目设计和监督上投入更多的精力。

(2) 更高的评价难度。由于不同项目具有不同的目标和标准,因此评价学生在项目中的表现可能更加复杂,这就要求教师设计合适的评估方法。

(3) 个体差异。不同学生的学习风格和能力存在差异,项目教学模式可能对某些学生来说更具挑战性,或者无法有效参与。

（4）更需要精心设计和引导。项目教学模式需要教师精心设计和引导，以确保学生能够达到预期的学习目标，并充分利用项目学习的机会。

项目教学模式具备深度学习、实际应用和综合性能力培养等多重优点，因此一直以来都是高职数字创意类专业教学最常用的教学模式之一。而生成式人工智能技术的出现，可以帮助项目教学解决很多固有的缺点与问题。

二、高职数字创意类专业教学存在的问题

（一）高职数字创意类专业办学情况概述

1. 我国高职数字创意类专业基本办学情况

我国高职数字创意类专业的发展历程可以追溯到 1997 年。当时，市场对数字创意类设计与创作能力的综合型人才有着急切的需求，为满足这一市场需求，众多高职院校相继开设了数字创意类专业，并着手将其逐渐发展成一门独立的学科。

数字创意类专业是具有综合性和广泛涉及面的专业，融合了计算机技术、艺术设计、多媒体技术等多个领域，为学生提供了全面的技能培训。随着计算机技术的迅猛发展，数字创意类专业不断扩展其应用领域，辐射至广告、影视、游戏、虚拟现实等多个领域。如今，数字创意类专业已经发展成为备受关注且充满发展潜力的学科领域。数字创意类专业实际上是艺术与技术相辅相成的专业，其分类复杂且丰富。

根据教育部《职业教育专业目录（2021 年）》，数字创意类专业主要分为计算机类、艺术设计类、广播影视类 3 大类，共计 11 个相关专业。计算机类专业包括 510204 数字媒体技术、510208 虚拟现实技术应用、510215 动漫制作技术；艺术设计类专业包括 550103 数字媒体艺术设计、550109 游戏艺术设计、550116 动漫设计、550118 摄影与摄像艺术；广播影视类专业包括 560203 数字广播电视技术、560206 影视动画、560208 影视多媒体技术、560213 摄影摄像技术。这 3 大类专业各具特色，相互补充，共同构建了我国高等职业教育的数字创意类专业体系。在这个体系中，学生可以根据自己的兴趣和职业规划，选择适合自己的专业方向，为未来的职业生涯打下扎实的基础。

数字创意类专业通过结合艺术和技术，培养了大批专业人才，受到了社会的广泛认可和好评。其发展势头持续向好，为我国数字创意产业的发展繁荣注入了新的活力。同时，随着数字创意产业的快速发展，数字创意类专业在人才培养方面也要不断提升。为适应产业发展对专业人才的需求，高校数字创意类专业不断创新教学内容，积极引进最新技术和理念，构建具有国际视野的专业课程体系，加强实践教学环节，提升学生的实际操作能力。通过与企业合作，将专业知

识与实际工作紧密结合,提高学生的实际应用能力和创新能力。更多的学校在培养数字创意类专业人才的道路上不断探索,将传统艺术与现代技术相结合,培养出更多高素质、高水平的数字创意人才。

随着数字创意类专业的快速发展,高校引进了一批具有实践经验和理论造诣的专业人才,他们为学生提供了丰富的专业知识和课程。在数字创意类专业的教学过程中,高校充分发挥数字创意行业在大数据、云计算、人工智能方面的优势,为学生搭建了实践平台,提高了学生的实际动手能力和解决问题的能力。高校还注重为学生提供实习机会,让学生能够在实践中学以致用,丰富实践经验。这不仅提升了学生的能力,也使学生更好地适应社会需求,为未来的就业之路奠定基础。综上所述,我国高职数字创意类专业经过多年发展,已经成为备受瞩目的充满发展潜力的学科。它集艺术、技术、设计、技能于一体,为学生提供了广阔的发展空间和就业前景。未来,数字创意类专业将继续成为培养数字创意人才的重要基地,为我国数字创意产业的繁荣发展提供有力支持。

2. 浙江省高职数字创意类专业办学情况

浙江省是我国经济发达地区之一,其区域经济对数字创意行业的发展产生着深远影响。

浙江省经济的快速发展为数字创意行业提供了良好的市场需求和发展空间。作为中国制造业大省,浙江省有着发达的制造业和贸易业,这些行业对数字创意类产品和服务的需求日益增加,如数字媒体广告、动画设计、电子商务平台等,这为数字创意行业提供了广阔的市场空间和商业机会。

浙江省的科技创新和人才培养环境为数字创意行业的发展提供了良好支持。浙江省在科技创新和人才培养方面投入巨大。例如,在信息技术、数字媒体技术等领域,均有一批高水平的科研机构。这些机构为数字创意行业提供了前沿科技支持和人才培养,促进了数字创意行业的创新和发展。

浙江省的政策扶持和产业布局也对数字创意行业起到了积极作用。政府出台了一系列支持数字创意产业发展的政策,包括税收优惠、财政补贴、科研资助等,为数字创意产业提供了良好的政策环境。同时,浙江省也积极推动数字创意产业的发展,加大对数字创意企业的培育和扶持力度,鼓励企业加大技术创新和产业升级力度,促进数字创意产业的快速健康发展。

浙江省的区域经济对数字创意行业的发展具有重要影响,其繁荣的经济环境、科技创新支持和政策扶持为数字创意行业的发展提供了有力保障。随着经济的不断发展和产业结构的升级,数字创意行业在浙江省的发展前景将更加广阔。

　　另外,以中国美术学院为首的浙江高校在数字创意类专业的建设中获得了很多成就。这些院校在数字创意领域具有深厚的专业积累,通过设立相关专业和课程,为浙江省培养了大量优秀的数字创意人才,对浙江省数字创意行业的发展与高职的数字创意类专业办学产生了深远影响。

(二)高职数字创意类专业教学存在的问题

　　以浙江商业职业技术学院的数字创意类专业为例,分析高职数字创意类专业教学存在的问题如下。

1. 办学中没有厘清技术与艺术的关系,不能"两条腿走路"

　　数字创意类行业的一大特点就是技术与艺术并重,相应专业的办学必须实现专业融合才能更好地发展。但由于我国的传统学科体系与专业办学历史,数字创意类专业一直都存在属"技"与属"艺"之争。

　　纵观我国高等职业教育的数字创意类专业的办学历史,大概可以分为以下四个阶段。

　　(1)重技术阶段。20世纪90年代末开始,一些办学比较领先的院校开始开设数字创意类专业,由于当时的数字技术门槛较高,这些专业基本有信息技术背景,课程开设主要是制作技术与设备应用方向。

　　(2)艺术与技术共同发展阶段。21世纪初,数字创意类专业迅速发展,由于相关工具软件的使用难度降低,以及艺术类背景相关的专业广泛推广和开展,形成了技术、艺术、传媒三类专业背景的专业系统共同发展的局面。

　　(3)艺术较重阶段。2015年,教育部印发《普通高等学校高等职业教育(专科)专业设置管理办法》,全面开展第六次高等职业教育(专科)专业目录修订,并且规定专业目录实行动态管理,每5年修订一次;每年增补一次专业。数字创意类专业的归属更为清晰,同时由于制作工具更加智能化,行业更加注重内容生产,因此大类专业的办学更趋向于偏重艺术设计方向。

　　(4)交叉性发展阶段。高职办学进入"双高"建设期之后,在长期的办学中,各归属类的数字创意类专业都发现,这类专业交叉性极强,专业融合行业发展的趋势明显,因此专业办学向着交叉性、融合性发展。

　　从对当前高职数字创意类专业的办学现状调研可以得知,大多数此类专业都面临着迫切的转型与改革需求,单纯依靠技术或艺术单一方面的发展已无法"两条腿走路",而应该进行专业大融合,以传媒为中心,以艺术为基础,以技术为手段,进行专业的交叉化发展。

2. 重视学习结果的展示与检验,但结果对教学过程的影响不够全面

　　我院的艺术设计类专业向来重视学习结果的展示与检验环节,也收到了良好的效果,数字创意类专业也是如此,教师在教学过程中十分重视结果的呈现方式的指导。但从课程体系的构建及实施层面上来看,仍然存在课程链环节之间割裂、教学内容更新不及时、教学方法陈旧等问题。专业学习内容与就业需求存在明显差距,这主要是由于数字媒体行业技术更新快,使专业教学不断面临持续的改革压力。"学非所用"的情况仍然存在。

3. 原有的基于工作过程导向的专业课程体系比较完整,但不够灵活且孤立

数字创意类专业的课程体系设置多是基于工作过程导向的,事实证明,这种课程体系有实用性强、完整度高、执行性好的优点。但随着行业的变化与进步,以及高等职业教育的发展,基于工作过程导向的课程体系的缺点也显现出来。

首先,由于课程体系牵一发而动全身,革新难度较大。数字创意行业中由于新技术的发展,原有工作流程中的工序发生了很大变化,有的环节甚至已经慢慢消失,产生了新的工序。专业教学也面临迫切的改革需求,但相应课程一旦发生调整,会影响整个课程链甚至体系,由此带来很大的教改成本。这样的课程体系在授课时长上也很难做出大的变动,产教融合、工学交替等环节的开展也存在困难。其次,原本的课程体系重视各工序课程之间的合作与成果传递,但执行起来困难重重。各课程教师都面临着教学成果展示与评价的压力,课程作业力求完整美观,特别是负责前期工序的课程更是如此。然而,由于成果传递受到一定阻碍,导致课程之间、专业之间无法实现深度融合与协作。

4. 工作室制人才培养模式可以显著提高学生能力,但进一步加大了专业学生差距

工作室制人才培养模式从其前身项目实战班开始,一直是我院数字创意类专业的主要人才培养模式,这种模式经过实践证明,可以显著提高学生的专业知识与技能水平,也取得了很多成绩。但同时,由于工作室规模有限、学生发展方向多样、专业水平不均衡等原因,工作室制人才培养模式无法惠及全部专业学生,从而出现教学优质资源向优秀学生的倾斜,专业学生之间的差距进一步被拉大,不利于专业办学全面发展与教育公平。

5. 来自企业实战的项目实践模式与学生创意兴趣之间存在矛盾

项目实践模式在我院数字创意类专业中实行已久,也是专业课程学习实践的主要开展方式。近年来,由于产教融合工作深度发展,教学项目大多来源于企业,有的是企业项目的优化分解,有的更是承担了企业真实项目需求。这一模式有利于让学生熟悉行业标准,培养其团队协作、运用专业技能解决实际问题的能力。但在专业教学中发现企业项目需求与学生创意兴趣之间的矛盾日益明显,学生越来越重视个人专业兴趣的发展,对机械的流水线式的设计与制作工作不积极甚至反感。随着时代的发展,专注个性发展的 Z 世代学生成为专业主流,这一矛盾会更为突出。

6. 行业发展向高职院校提出学科交叉、专业融合的迫切需求

数字创意行业应用方向高度综合与渗透,天然就拥有学科交叉、专业融合的属性,无法将技术与艺术、专业方向割裂开。而在高职院校中,关于数字创意类专业人才的培养,更要赶上时代的脚步,把握新思潮,发挥新时代数字媒体的技术优势,力求为高职院校的学生传授更优质的知识,开拓更广阔的发展与就业渠道。数字创意类专业更应该集合学科、专业方向的多方力量,进行师资力量、教学内容、学习任务、作品呈现等多方整合,实施一体化教学,力求取得最佳的专业办学效果。

第三节 高职数字创意类专业教学改革的压力与助力

一、生成式人工智能从行业层面对职业教育内容提出了改革需求

生成式人工智能在数字创意类领域与教育领域具有显著的影响力,它从教学内容角度对评价标准产生了颠覆性的影响。

(一)生成式人工智能技术对数字创意类领域的影响

生成式人工智能在数字创意类领域的应用主要体现在以下几个方面。

1. 图像识别与分类

生成式人工智能技术能够通过深度学习和计算机视觉算法,对大量的视觉设计作品进行分析和识别。它可以帮助设计师快速分类和搜索设计元素、色彩搭配、风格等信息。这对设计师来说是一种高效的辅助工具,能够提高设计效率和准确性。

2. 创意推荐与灵感生成

基于生成式人工智能技术的算法和数据分析,设计师可以获得个性化的创意推荐和灵感生成。生成式人工智能系统能够分析设计师的前期作品、设计风格及偏好,并根据这些信息提供定制化的设计灵感和创意方案。这有助于设计师提高创造力和创新性,同时为设计师提供更多的设计思路和选择。

3. 图像风格转换与编辑

生成式人工智能技术可以通过深度学习和图像处理技术,对图像进行风格转换和编辑。设计师可以通过生成式人工智能系统进行图像样式的转换和修改,如将一种风格的设计转换成另一种风格,或对图像进行修饰和优化。这为设计师提供了更多的可能性和创造空间,使设计更加丰富多样。

4. 用户体验评估与优化

生成式人工智能技术可以帮助设计师进行用户体验评估和优化。通过对用户行为和反馈数据的分析，生成式人工智能系统能够对设计作品的用户体验进行评估和提供建议。例如，生成式人工智能可以分析用户对界面布局、色彩搭配、图像处理等方面的反应，并提供相应的改进意见，以提升设计作品的用户友好性和吸引力。

总之，生成式人工智能在视觉设计领域的应用主要涵盖图像识别与分类、创意推荐与灵感生成、图像风格转换与编辑及用户体验评估与优化等方面。这些应用使设计师能够更高效地搜索和利用设计资源，获得个性化的创意灵感，快速实现设计风格转换，同时根据用户反馈进行优化，提升设计作品的质量和用户体验。

（二）生成式人工智能技术为内容生产工作带来革命性的变化

以动漫游戏设计行业为例，生成式人工智能带来的变化主要有以下几个方面。

1. 编辑器设计

生成式人工智能技术在动漫设计教学中的一个关键应用是编辑器设计。通过 AI 生成的内容，学生可以轻松快速地创建角色、场景和道具，这极大地提高了他们的制作效率。编辑器设计工具可以自动生成各种元素，如背景、特效，甚至动作序列，让学生更专注于创意和故事叙述方面的工作。这不仅节省时间，还激发了学生的创作灵感，让他们更有动力去探索和表达自己的创意。

2. 角色设计

生成式人工智能技术的另一个重要的应用领域是角色设计。通过生成式人工智能技术，学生可以根据各种参数要求，如年龄、性别、身高、体型等，自动生成各种不同类型的角色。这不仅节省了时间，还为学生提供了更多的创作灵感。学生可以通过与 AI 合作来创造独特和多样化的角色，这有助于培养他们的设计技能和创造力。

3. 情节生成

生成式人工智能技术还可以用于动漫故事的情节自动生成。学生只需输入一些关键词或设定，生成式人工智能系统就能够自动生成相应的情节，从而帮助学生在故事创作方面得到启发。这对学生理解故事结构和提高创作能力都有很大的促进作用。此外，情节生成工具还可以帮助学生练习不同类型的情节叙述和情感表达，提高他们的叙事技巧。

4.动画制作

生成式人工智能技术在动画制作过程中也发挥着重要的作用。传统的动画制作需要大量的人力和时间,但通过 AI 生成的技术,可以大幅缩短制作周期,提高效率。自动化动画制作工具可以根据学生的需求生成动画序列、过渡和特效,不但减轻了制作团队的负担,同时也提高了动画的质量和效果。

二、来自高等职业教育本身的改革需求

(一)不同国家高等职业教育的特点

高等职业教育是高等教育体系中的一类教育形式,旨在培养适应现代社会经济发展需要的高素质职业技术人才。它与学术性的大学教育不同,更注重实用性、就业导向和职业准备。

不同国家的高等职业教育存在一些差异,但它们都是为了满足就业市场需求和培养具备实际工作技能的职业人才而设立的。

(1)德国。德国职业教育体系横向上与普通教育体系双轨并行,纵向上包含初等、中等和高等职业教育层次,并走出一条成功道路,成为许多国家效仿的对象。学生可以选择从事职业技术教育或大学学术教育。高职教育注重实践能力的培养,包括学徒制度和工作实习,并为学生提供与企业合作的机会。

(2)澳大利亚。在澳大利亚,高等职业教育被称为"职业教育与培训"(vocational education and training,VET)。澳大利亚有涵盖从初级文凭到高级文凭再到研究生文凭的高等职业教育体系,和普通高等教育形成并行的双轨,因此教育体系从形式上来讲属于双轨制。它以实用技能培养和就业导向为主,与行业合作紧密,培养学生具备当前和未来就业岗位所需的能力。

(3)美国。在美国,高等职业教育被称为"职业技术教育"(career and technical education),注重学术教育和实践技能之间的平衡。美国是单轨制的典型代表。社区学院的发展健全和完善了美国现代高等教育制度。[①] 这种教育形式得到了州立技术学院(community college)和职业学校的广泛支持。

(二)我国高等职业教育的特点

我国高等职业教育有以下几个特点。

(1)应用导向和职业准备。我国高职教育致力于培养学生具备实际工作所需的实用技能和职业素养。课程设置和实践教学紧密结合行业需求,注重学生的职业胜任力培养和就业能力提升。

---

① 朱雪梅.美、德、澳三国高等职业教育发展模式比较研究[J].中国职业技术教育,2014(27):63-70.

（2）紧密与行业合作。我国高等职业教育强调与行业和企业的合作,通过实习、实训和校企合作项目,使学生能够接触实际工作环境,并获得更多的实践经验。

（3）强调技能与知识的融合。我国高职教育旨在将实践技能与专业知识相结合,注重培养学生的综合素质和创新思维能力,使他们既具备实际操作技能,又具备理论基础和动手能力。

（4）注重社会服务和地方经济发展。我国高职教育积极服务于地方经济发展,培养与当地产业需求相契合的专门人才,促进就业和地方经济的发展。

总的来说,我国高等职业教育具有实用性、就业导向和与行业合作密切相关的特点,注重学生的职业准备和创新能力的培养,为经济社会发展提供了人力资源支持。

（三）紧跟行业技术发展是高职教学改革的本源任务

结合高职教学的特点来看,高职教学改革紧跟行业技术发展是非常必要的,教育改革目标如下。

（1）保持就业竞争力。高职教育的首要目标是为学生提供就业所需的职业培训和技能。随着行业技术的不断变化和发展,紧跟行业技术发展可以确保学生具备当前就业市场所需的最新技术和能力,提高他们的就业竞争力。

（2）适应产业需求。高职教育的核心任务之一是培养与产业需求相匹配的专业人才。紧跟行业技术发展意味着了解和把握当前行业的趋势和技术需求,调整课程内容和教学方法,确保学生在毕业后能够胜任实际工作。

（3）实践导向和技能培养。高职教育注重实践教学和技能培养,紧跟行业技术发展可以提供最新的实践环境和工具,帮助学生在实际应用中获得实践经验,并掌握与行业相关的最新技术和工作方法。

（4）产学合作和职业导向。紧跟行业技术发展意味着与行业保持紧密联系,与企业进行合作项目和实践教育。通过产学合作,学生能够与行业专业人士进行交流和合作,了解最新的技术趋势,为将来的工作做好充分准备。

（5）培养创新思维和适应能力。行业技术的快速发展要求学生具备创新思维和适应能力,紧跟行业技术发展可以激发学生的创新潜力,让他们了解到行业中的新兴技术和解决方案,培养他们对未来技术发展的敏感度和适应能力。

综上所述,高职教学紧跟行业技术发展,对于保持就业竞争力,适应产业需求,实践导向和技能培养,注重产学合作和职业导向,以及培养创新思维和适应能力,都具有必要性。高职教育应该密切关注行业的动态,更新教学内容和实践环境,与行业合作开展项目,确保学生具备与时俱进的技术知识和实际工作的能力。

三、生成式人工智能技术是教育改革的强大助力

生成式人工智能在教育领域的影响主要表现在：借助生成式人工智能技术，教师可以根据学生的学习特点和需求，提供个性化的教学和学习指导；通过数据分析和学习模式识别，生成式人工智能系统能够帮助教师了解学生的学习进展和困难，从而优化教学计划和教学方法；生成式人工智能技术还能提供智能评估和反馈，帮助学生更好地理解个人学习情况并进行自我调整。以学习辅助为例，学生可以通过语音或文字与生成式人工智能系统进行互动交流，获得即时的解答和指导。此外，生成式人工智能技术还能提供个性化的学习资源和推荐，增强学生的学习主动性和效果。

生成式人工智能作为工具，对教学产生了十分积极的影响，特别是在评价方式方面。

（一）生成式人工智能技术在教育领域的应用

当前的生成式人工智能技术在教育领域有如下几点主要应用。

1. 个性化学习

生成式人工智能技术可以根据学生的学习需求和兴趣生成个性化的学习内容。例如，通过对学生的学习记录和反馈进行分析，AI系统可以根据学生的知识水平和学习风格提供相应的学习资料，帮助学生更有效地学习。

首先，生成式人工智能项目利用人工智能技术进行数据分析和学习模式识别，更好地理解学生的学习需求和潜能。在传统的教育系统中，教师难以在有限的时间和资源下为每个学生提供个性化的关注和指导。然而，生成式人工智能项目通过收集和分析每个学生的学习数据和行为模式，能够为每位学生提供个性化的学习支持和资源。这有助于学生更好地发展自己的学习兴趣和优势，实现个性化学习。

其次，生成式人工智能项目提供多样化的学习路径和资源选择，满足学生的不同学习风格和能力水平。在个性化学习系统中，学生可以根据自己的需求和兴趣选择适合自己的学习内容和方式。有些学生可能通过视觉方式更容易理解学习内容，而有些学生可能更喜欢听觉方式。此外，有些学生具备较强的学习能力，而其他学生可能需要逐步提升。生成式人工智能项目能够根据学生的特点和需求，提供个性化的学习路径和资源，使每个学生都能在自己的舒适区内学习，从而提高学习效果。

再次，生成式人工智能项目通过即时反馈和智能指导，帮助学生实时调整学习策略和解决问题。在传统教育中，学生需要等到考试或作业写完后才能得到

教师的反馈，这样会导致学习误区的形成和延续。但是，生成式人工智能项目可以根据学生的学习进展和表现，及时提供反馈和指导。学生可以自主评估在学习过程中遇到的问题，及时调整学习策略，迅速解决困惑，提高学习效率。

最后，生成式人工智能项目鼓励学生自主学习和自主发展，培养学生的自主学习能力和创新思维。在个性化学习环境中，学生可以根据自身的兴趣和目标主动选择学习内容，探索适合自己的学习方式，并学会自主解决问题。这样的学习环境能够激发学生的学习动力和学习独立性，同时也有助于培养学生的创造力和创新能力。

2. 智能辅导

生成式人工智能技术不仅可以生成学习内容，还可以提供智能化的辅导。

生成式人工智能技术可以对学生的学习数据进行智能分析，从中发现学生在学习中的困难和薄弱环节。通过分析学生的测试成绩、作业完成情况、在线学习行为等数据，AI系统可以识别学生的学习差异，了解其有待提高的知识领域和技能。

基于学习数据的分析结果，生成式人工智能技术可以针对不同学生的个体差异，提供个性化的解决方案和辅导指导。例如，对在某个特定知识点上遇到困难的学生，AI系统可以推荐相关的学习资源、提供针对性的练习题目，甚至可以提供示范性的解答或视频讲解，帮助学生理解和掌握知识。

此外，生成式人工智能技术还可以基于学生的学习数据和个人偏好量身定制学习计划。它可以根据学生的学习进度和学习强度，智能地推荐合适的学习内容和学习资源，确保学生在学习上既有适当的挑战也有舒适的学习环境。

通过生成式人工智能技术提供的智能化辅导，学生可以获得个性化、针对性的学习支持，更好地应对学习困难和薄弱环节。同时，教师也能够通过AI系统提供的学生成绩和学习数据的实时反馈，及时发现学生的学习问题并做出指导和干预，提高教学的针对性和效果。

总之，生成式人工智能技术的智能化辅导为学生提供了个性化学习的机会，帮助他们克服困难，提高学习效果。同时，它也为教师提供了更多的学生学习数据和个性化指导的工具，从而提升教学质量。这将进一步促进教育领域的创新和发展。

3. 教学资源开发与分享

生成式人工智能技术可以帮助教师开发和分享教学资源，从而提高教学效率并促进教育资源的共享和交流。

首先，生成式人工智能技术可以帮助教师快速生成教学素材、习题和课件，节省制作时间。教师通过生成式人工智能技术，借助如机器学习和自然语言处理等技术手段，快速生成高质量的教学资源。例如，教师可以使用生成式人工智能工具自动生成教学文本、图形和在线演示,无须从头开始编写和设计,从而减轻了在备课和素材制作方面的负担。

其次,借助生成式人工智能技术,教师可以将自己创建的优质教学资源进行归档和整理,并通过在线平台或教育社区与其他教师分享。这种共享和交流的方式有助于教师们互相学习和借鉴,提高教学质量和创造力。

最后,生成式人工智能技术还可以基于教师的教学数据和反馈,提供智能化的教学建议和优化方案。AI系统通过分析教师的教学数据和学生的学习表现,根据教学的实际需求,为教师提供个性化的建议。例如,根据学生的学习表现,AI系统可以推荐特定的教学资源或教学策略,以进一步提高学生的学习效果。

4. 虚拟教学环境

生成式人工智能技术与虚拟现实技术的结合,可以创建虚拟教学环境,能够让学生身临其境般地体验真实场景,为学生提供沉浸式的实验环境、历史场景或地理地区,从而激发学生的学习兴趣和参与度。

虚拟教学环境可以为学生提供更加身临其境的实验体验。通过虚拟现实技术,学生可以模拟进行各种实验操作,如化学实验、物理实验、生物实验等。结合生成式人工智能技术,虚拟实验可以根据学生的操作进行实时反馈和指导,帮助他们更好地理解实验原理和掌握实验技能。

另外,虚拟教学环境可以提供历史场景或地理地区的沉浸式学习。通过生成式人工智能技术,可以重建历史事件的场景,让学生以参与者的身份体验历史事件的发展过程。同样,利用生成式人工智能技术可以创建虚拟地理地区,让学生在虚拟环境中探索地理景观、文化遗产等,增加对地理知识的感知和理解。

通过在虚拟教学环境中结合生成式人工智能技术的应用,学生可以获得更加深入的体验和学习机会,打破传统课堂的局限,激发学生的学习兴趣和主动性。虚拟教学环境不仅可以扩展学生的学习视野,还可以创造个性化的学习体验,满足不同学生的学习需求。

然而,值得注意的是,虚拟教学环境的技术成本、教师培训和支持的需求及学生对技术的适应性等都是需要考虑的因素。但随着虚拟现实和生成式人工智能技术的发展,虚拟教学环境的应用在教育领域中的前景仍然非常广阔,并为提供更加身临其境的学习体验带来了巨大的潜力。

5. 教师智能助手

生成式人工智能技术可以在教育中充当教师的智能助手,为教师提供多方面的支持,以帮助教师更好地管理课堂和学生成绩。生成式人工智能技术可以协助完成以下教学工作。

首先,可以自动批改学生作业和测试,并可以自动分析和评估学生提交的作业和考试答卷。这减轻了教师繁重的批改工作负担,使他们可以更专注于课堂教学和学生互动。

其次,基于学生的表现,生成式人工智能技术能够生成详细的评估报告。这些报告可以包括学生的强项和改进空间,以及他们在不同学科领域的表现,为学生、家长和学校提供有关学习进展的信息。

再次,生成式人工智能技术能够根据学生的表现提供个性化的反馈和建议。这有助于学生了解自己的弱点,以及如何提高自己的学习能力。这种个性化的支持可以提高学生的学习动力和效果。

另外,在对教学过程的监控和分析中,生成式人工智能技术可以实时监控教学过程,包括学生的互动和参与程度。它可以记录课堂数据,如学生的问题、讨论主题和反应。这些数据有助于教师更好地了解学生的学习状态,是否理解教材,以及是否需要进一步的支持。

最后,生成式人工智能技术可以帮助教师及时调整教学策略,教师可以根据学生的需求和反馈调整教材、讲授方法和课堂活动,以提供更有效的教育体验。

总之,生成式人工智能技术在教育领域可以提供全面的支持,不仅减轻了教师的负担,还提高了学生的学习效果。它为教育创造了更多的机会,以更好地满足学生的个性化需求,并提高整体教育质量。

(二)生成式人工智能对教育教学的正面影响

1. 帮助创新教学模式

生成式人工智能技术的应用推动了教育教学模式的创新。教学模式是教师在教学过程中所采用的具体组织和实施方法,常见的教学模式有传统教学模式、合作学习模式、问题导向教学模式、项目教学模式、翻转课堂模式等。这些教学模式都有自身的优势和适用场景。在具体的教学设计中,教师根据学科特点、学生需求和学习目标选择合适的教学模式。

生成式人工智能技术不仅为各类教学模式提供了能大幅提高教学效率的工具,更是真正让个性化学习成为可能。它可以根据不同学生的学习需求和能力,为他们提供个性化的学习体验。通过分析学生的学习数据和学习表现,AI系统可以根据学生的个体差异为他们定制学习路径和教学内容。通过个性化学习和智能辅导,学生可以根据自身需要和兴趣定制学习计划,提高学习效果。同时,教师可以更好地监督学生学习过程和反馈,及时调整教学策略,促进学生全面发展。

2. 提高教育公平性

首先,生成式人工智能项目有助于解决地域之间教育资源分配不均的问题。在传统教育模式下,教育资源通常集中在发达地区,造成边远地区和贫困地区的学生缺乏良好教育资源。而通过生成式人工智能项目,学生们可以获得高质量的教育资源,缩小地域之间的教育差距,实现教育的公平。

其次,生成式人工智能项目为非母语学生提供多语言支持,帮助他们更好地融入学习。在传统教育中,非母语学生常常面临语言障碍和沟通困难,导致他们在学习上受到不公平对待。然而,借助生成式人工智能项目的语言处理技术,学生们可以使用自己的母语与系统互动,从而更好地理解和参与学习。这将激发非母语学生的学习热情,提高学习成绩,促进教育的公平性。

最后,生成式人工智能项目在教育评估方面也发挥了积极作用。传统教育评估是以考试成绩为主,然而,并非所有学生都适应这种评估方式。生成式人工智能项目通过分析学生的学习数据、评估他们的学习情况和潜能,提供了一个更全面和客观的评估系统。这将给学生提供更多展示自己学习能力和特长的机会,减少评估的主观性,提高教育的公平性。

3. 减轻教学负担,提高教学效率

生成式人工智能技术可以在教学全流程中得到应用,尤其在教学的评估、分析阶段发挥重要作用,可以很大程度上帮助师生减轻教学负担、提高教学效率。

首先,在自动化评估和反馈方面,生成式人工智能技术可以自动批改学生的作业和测试答卷,减轻了教师繁重的评估工作。其次,生成式人工智能系统可以快速生成详细的评价报告,包括学生的强项和改进空间,从而节省教师在评估学生表现和编写报告方面的精力,同时提供了更客观的评估结果。最后,生成式人工智能技术有助于实现学生的个性化学习反馈,帮助学生了解自己的弱点,并为学生提供有针对性的支持,从而无须教师为每个学生制订个性化的学习计划。

从更高的层面来看,基于学生的学习数据,生成式人工智能技术可以推荐适合每个学生的学习资源。这有助于实现个性化教学,确保学生能够更有效地学习。生成式人工智能还可以收集和分析大规模的教育数据,帮助学校和教育决策者了解教学效果和学生表现,有助于更好地制定教育政策和资源分配策略。

(三) 生成式人工智能在教育领域应用的隐患与发展趋势

1. 生成式人工智能在教育领域应用存在的隐患

一项革命性的新技术的广泛应用通常会有一个阵痛期,也会有一些隐患,特别是对教育领域来说,生成式人工智能存在以下不足。

(1) 过度依赖技术而缺乏人性化互动。过度依赖生成式人工智能技术可能导致教学过程中的技术失效或技术故障的风险。如果技术出现故障或无法正常工作,教学活动就可能会受到干扰,并带来不便。尽管生成式人工智能技术可以提供个性化的学习支持,但它可能无法取代人际互动和教师的角色。人与人之间的情感和交流在教育过程中起着重要作用,而生成式人工智能技术的应用可能无法提供丰富的情感和人性化互动。

(2) 难以评估非标准化技能,如创造性技能。生成式人工智能技术在评估学生学术能力方面非常有用,但在评价非标准化技能等方面的表现时可能存在一定的难度。这些技能更加具有主观性和多样化,不容易通过简单的算法来评估和量化。生成式人工智能技术在一定程度上是基于以往的数据和经验,可能缺乏人类教师的创造性和灵活性。创意和创新的教学方法可能需要更多基于人类直觉和经验的指导。

(3) 伦理和隐私问题。生成式人工智能技术的广泛应用引发了伦理和隐私方面的讨论。教育机构需要确保学生的数据隐私得到充分保护,确保生成式人工智能技术的使用符合伦理准则和法规。

(4) 技术壁垒和不平等。生成式人工智能技术的应用可能受到技术壁垒的限制,特别是在资源匮乏或技术发展不平衡的地区。这可能导致学生在教育机会和学习体验方面面临不平等的局面。

尽管存在这些不足之处,但生成式人工智能技术在教育教学领域的应用仍然具有巨大潜力。通过综合人工智能和人类教师的智慧,我们可以充分发挥技术的优势,应对这些挑战,从而实现更加人性化、个性化和有效的教育。

2. 生成式人工智能在教育领域应用的发展趋势

(1) 个性化学习。个性化学习将继续是生成式人工智能应用的重要发展趋势。AI 系统将根据学生的学习需求、能力和兴趣提供个性化的学习路径和教学资源。这有助于更好地满足每个学生的需求,推动个性化教育的实现。

(2) 自适应评估和反馈。生成式人工智能技术将继续发展自适应评估和反馈工具。AI 系统将根据学生的表现和需求,提供更准确和个性化的评价和反馈。这有助于学生了解自己的弱点和发展方向,同时向教师提供改进教学策略的参考。

(3) 增强现实(AR)和虚拟现实(VR)。增强现实和虚拟现实技术将在教育中得到进一步应用。这些技术在教育领域的应用开展一直以来受到了内容建设成本高、周期长等的限制,无法真正发挥更好的教学作用。生成式人工智能的出现将大幅降低内容生产的时间与成本,能够帮助 AR 与 VR 系统提供沉浸式的学习体验,使学生能够亲身参与到虚拟场景中进行实践和交互。

综上所述,生成式人工智能技术的发展对高职数字创意类专业教学的影响是多方位、多维度的。一方面,生成式人工智能本身对这类行业的生产流程与技术产生了颠覆式影响,对相关专业的教学内容与教学方式提出了迫切的改革需求;另一方面,生成式人工智能也为教育教学本身带来了教学工具与评价工具的革新。

项目教学模式概述

项目教学模式是一种以项目为基本单元的教学方法,它要求学生通过参与实际项目的规划、设计、实施和评估过程,达成学习目标并培养学生综合素质的教学模式。在这种模式中,学生被组织成小组或团队,由教师或指导者提供指导和支持,通过合作学习和实践活动全面参与到项目的各个环节中。这是在我国高职院校中广泛开展的一种教学模式。

第一节　项目教学模式的定义和核心理念

一、项目教学模式的定义

项目就是以实践为导向,将教学内容确定为可行动的方案,教师或学生为实践活动过程制定工作任务。[1] 项目教学模式以学生为中心,其核心理念是引导学生通过解决一个真实世界中复杂的、具有挑战性的问题,或完成一项源自真实世界经验且需要深度思考的任务,在解决问题或完成任务的过程中,让学生掌握知识、技能和思维方式。

在项目教学模式下,教师将所要教学的对象分成许多小组,并将学习的学科内容知识划分成若干个项目。学生则在教师的指导下,围绕制定好的项目开展教育教学活动。学生将采取小组讨论、研究等形式,自发地、主动地去认知所要学习的教学内容,并运用已有的知识去完成项目任务。通过项目牵引和教师的指导,学生将调动自己的主动性,锻炼自己的实践能力,从而使学生掌握解决实际问题的能力。

采用项目教学模式,以工作任务为中心,有利于学生在实践中深入理解和应用理论知识,实现理论学习和能力培养的统一,以行动的经验整合并反思其社会效果。[2]

---

①②　张莹.浅谈高职院校的项目教学模式[J].江苏高教,2008(1)：137-138.

二、项目教学模式的核心理念

项目教学模式强调学生的主体性和主动性，认为学生是学习的主人，而不是被动的接受者。教师的作用是提供学习情境和资源，引导学生进行探索和思考，帮助学生构建自己的知识体系。同时，项目教学模式还注重学生的合作学习和自主学习能力的培养，以及对学生情感、态度和价值观的关注和培养。

项目教学模式不仅可以培养学生的实践能力和创新精神，同时也强调学生的主体性和主动性，以及对学生情感、态度和价值观的关注和培养。

项目教学模式侧重于学生在实际项目中的实践和应用能力培养。学生根据一定的课题或项目，通过制订计划、收集信息和合作实施，全面参与到问题解决过程中。在项目教学模式下，教师不仅是知识的传授者，更是学生学习和项目过程的指导者和辅导者。教师通过设定项目目标、提供学习资源、引导团队合作、促进学生反思和评估等方式，推动学生的学习和项目的进展，实现教学目标和培养学生的综合素质。其核心理念如下。

（一）实践和应用导向

项目教学模式将学习与实践紧密结合。学生通过实际参与项目活动，将学术理论转化为实际应用，以此来应用他们所学的知识和技能。这种教学模式鼓励学生主动探索，将理论知识与实际操作相结合，从而提高学生的综合素质和实际应用能力。通过这种方式，学生能够更好地理解和掌握专业知识，并将其应用于未来的职业生涯中。

（二）问题解决和探索性学习

项目教学注重培养学生的问题解决能力和探索性学习。学生在项目中扮演主动学习者的角色，需要独立思考、提出问题、收集和分析信息，并应用相关概念和技能来解决问题。通过这种学习方式，学生能够培养批判性思维和创造性思维能力，提高解决问题的能力。他们不再只是被动地接受知识，而是积极地探索和构建知识体系，从而培养出更加深入和综合的理解能力。项目教学创造了有挑战性的学习环境，激发学生的学习热情和动力，以及他们对知识的探索和应用的兴趣。通过这种方式，学生在项目中不仅能学到专业知识和技能，还培养了自主学习和终身学习的能力。

（三）团队合作和协作

项目教学模式强调学生之间的团队合作和协作。学生在项目中扮演团队成员的角色，通过有效的沟通、分工合作和协调，共同解决项目中的各种问题，实现项目目标。这种教学模式有助于培养学生的团队合作精神和协作能力,提高学生的综合素质,为他们未来的职业生涯打下坚实的基础。

（四）自主学习和自主性

项目教学鼓励学生主动参与和承担责任。学生需要自主制订学习计划、设定目标,并管理项目的进展。他们在项目中拥有更大的自主权和决策权,从而激发他们的学习兴趣和积极性。通过参与项目的决策和管理过程,学生能够培养自我管理和组织能力,学会合理规划时间和资源,有效管理项目的进展和任务的完成。这种自主学习的方式不仅帮助学生建立学习目标和评估进步的标准,还培养了他们的自信心和责任感。通过主动参与和承担责任,学生能够更好地发展自主学习的能力,为将来面对不同的学习和工作环境做好准备。同时,项目教学注重培养学生的自主性和主动性,更好地发展他们的领导才能和团队合作精神。

（五）跨学科学习和整合性思维

项目教学模式积极推动学科之间的整合和跨学科学习,使学生在面对复杂问题时,能全面地从多个角度进行理解和解决。在此过程中,学生需要将不同领域的知识和技能融会贯通,以提高自身分析和解决问题的能力。这种教学模式有助于培养学生的综合素质,激发他们的创新思维和探究精神。项目教学模式还有助于学生在未来不断更新知识,以适应社会发展的需求。在这种教学模式下,学生将具备更全面地分析问题和解决问题的能力,为他们的未来发展奠定坚实的基础。

（六）评估和反馈

评估在项目教学中起着至关重要的作用。教师通过仔细评估学生的成果,观察学生的参与和表现,并给予及时反馈,帮助学生了解自己的优点和不足,并针对性地加以改进和提高。这种评估和反馈机制有助于学生更好地理解学习目标,调整学习策略,增强自信心,并最终提高他们的学习效果和综合素质。

第二节　项目教学模式的关键要素与教学关系

一、项目教学模式的关键要素

项目教学模式具有以下几个关键要素。

（一）项目驱动

项目教学模式以项目为中心，引导学生通过解决真实问题或完成实际任务来学习和应用知识。项目驱动的教学模式将课堂变成了充满挑战和机遇的学习环境，有助于激发学生的学习兴趣和积极性。在项目实施过程中，学生需要将所学的理论知识与实际操作相结合，锻炼自身分析问题和解决问题的能力。

（二）综合学科

项目教学模式强调学科之间的整合和综合应用，要求学生将不同学科领域的知识和技能相互结合，以解决复杂问题。通过将多个学科融合在一个项目中，不仅能够为学生提供更全面的学习体验，还能培养学生的综合素质和对问题的综合思考能力。综合学科的项目教学模式能够让学生更好地理解学科之间的关联性，培养跨学科思维和创新能力。学生通过交叉运用不同学科的知识与技能，能够更深入地理解问题的本质和解决方案的多样性。

（三）学生主体性

学生在项目教学模式中成为主动的学习者和实践者，承担主体责任，通过自主探索和合作学习推动项目的进展。这种教学模式鼓励学生积极参与，发挥他们的创新精神和解决问题的能力。学生不再是被动接受知识，而是成为学习过程的主导者，通过实践和反思，不断提高自己的能力和素质。这种以学生为中心的教学模式有助于培养学生的自主学习和终身学习的能力，为他们的未来发展奠定坚实的基础。

（四）实践导向

项目教学模式强调将学习与实践紧密结合，让学生通过解决实际问题或完成实际任务来获得实践经验和培养职业能力。这种教学模式鼓励学生将所学的理论知识应用于实际情境，通过实践来加深自己对知识的理解和掌握。通过实践导向的项目教学，学生能够亲身体验真实的工作环境和项目挑战，培养职业素养和实际应用能力。他们不仅能够通过项目获得实践经验，解决实际问题，还能在实践中锻炼自己的创新、合作和解决问题的能力。实践导向的项目教学模式还能提高学生的就业竞争力。通过将学习与实践相结合，学生能够获得更广泛的职业经验和技能，提高在职场中的适应能力。

（五）问题导向

项目教学模式注重学生通过面对实际问题的解决来发展批判性思维、解决问题的能力和创新能力。这种教学模式激发学生的好奇心和求知欲,使他们愿意投入问题的探索和解决过程中。问题导向的项目教学模式为学生提供了丰富的实践机会,让他们在实际操作中锻炼思维能力。在解决复杂问题的过程中,学生需要对现有知识进行整合、分析和创新,从而培养自己的批判性思维和创造性思维。此外,问题导向的项目教学还强调学生的团队合作和沟通能力的培养。在解决问题的过程中,学生需要与他人分享想法、交流意见,共同探讨最佳解决方案。这有助于增强学生的团队合作意识,培养他们的沟通技巧和协作能力。

(六)发展导向

学生在项目教学模式中获得的最大益处是可以培养自己的自主学习能力、合作学习能力、创新能力等,促进自身的全面发展。

学生需要独立地探索问题、规划解决方案,并与团队成员合作完成任务。在这个过程中,他们不仅需要掌握新的知识和技能,还需要学会如何有效地利用资源、管理时间、沟通协作,以及如何创新和解决问题。这些技能和素质对学生的未来职业发展和社会生活都至关重要。

(七)反思和评估

项目教学模式要求学生在项目的不同阶段进行反思和评估,通过对自身行动和结果的检视来提高学习效果和项目成果。

通过反思,学生能够审视自己在项目中的表现和学习过程,发现自己的优点和不足。这样的反思过程可以帮助学生更好地认识自己的学习方式和偏好,调整学习策略,提高学习效果。同时,通过评估,学生能够对项目的进展和成果进行客观分析和评价。这有助于学生了解项目的成功因素和改进的空间,并能够从中获得宝贵的经验教训。通过反思和评估,学生能够不断改进自己的学习方法和项目执行能力,提高项目的质量和学习的效果。这种自我反思和评估的习惯也将对学生的学习和职业发展产生长远影响。

这些要素相互交织和相互作用,构成了项目教学模式的基本特点和实施要求。项目教学模式通过培养学生的主动学习能力、团队合作能力、解决问题的能力和创新能力,帮助学生更好地适应复杂多变的职业环境和工作需求。

二、项目教学模式的教学关系

项目教学模式的教学关系是指学生、教师和项目之间的互动和关联。以下是关于项目教学模式的教学关系的一些详细分析。

（一）学生—教师关系

在项目教学模式中，学生和教师的关系是互动和合作的。教师不再只是知识的传授者，还是学习和实践过程的指导者和辅导者。教师担任项目中的角色，提供项目的指导和支持，组织学习资源，引导学生的学习和团队合作。作为学习的引导者，教师在项目中起到了关键作用。教师通过课堂讨论、个别指导和团队会议等方式，与学生进行互动交流，激发学生的学习兴趣和思维能力。教师还会提供反馈和建议，帮助学生在学习过程中发现和纠正问题，推动他们的个人成长和团队合作发展。同时，教师还负责组织和管理项目的学习活动，为学生提供必要的学习资源和支持。他们在学生学习的各个阶段提供指导，帮助学生理解项目的目标和要求，并提供必要的学习材料和实践机会。

通过互动和合作的学生与教师关系，学生在项目中能够更加主动地学习和成长。教师的角色转变为学习的引导者，促使学生主动学习，培养学生的自主学习能力和合作能力。这样的学生与教师互动关系能够激发学生的学习动力，提高他们的参与度和学习效果。

（二）学生—项目关系

在项目教学模式中，学生和项目之间有密切的关系。学生不仅是项目的参与者，还是项目的推动者。他们通过实际项目的规划、设计、实施和评估，来实践和应用所学的知识和技能。这种实践性的学习方式使学生能够将学习的内容真正运用到实际情境中。

在项目中，学生将所学的知识和技能运用到实际问题的解决中，通过与团队成员合作追求共同的目标，不仅培养了实践能力，还提高了综合素质。他们需要运用跨学科的知识和技能，通过合作和思考，提出创新的解决方案，从而发展了创新思维、批判思维和解决问题的能力。

通过与实际项目的密切结合，学生能够更好地理解和应用所学的知识，培养实践能力和综合素质。这种学生和项目之间的关系使学生能够通过实际操作和反思，不断提升自己的能力和成长。

（三）教师—项目关系

在项目教学模式中，教师与项目的关系密切。教师不仅要负责设计和组织项目，确保项目的目标、要求和任务与学习目标相一致，还要为学生提供必要的指导和支持，帮助他们理解和解决问题。教师通过与学生的互动，推动项目的进展，确保学生能够按照计划完成任务。同时，教师还对项目进行评估和反馈，引导学生进行反思和提升。他们根据学生在项目中的表现，提供有针对性的意见和建议,帮助学生认识自己的优点和不足,从而调整学习策略,提高学习效果。教师作为项目的策划者和指导者,在项目实施过程中发挥着至关重要的作用。他们通过与学生的密切合作,共同推动项目的进展,实现教学目标,培养学生的学习能力和综合素质。

(四)学生一学生关系

在项目教学模式中,学生之间的合作和团队关系至关重要。学生通过小组或团队合作来共同完成项目的任务和目标。这种合作不仅提供了学习上的互补和支持,还培养了学生的团队合作和沟通能力。

学生在团队中相互协作、交流和分享,通过合作解决问题,推动学习和成长。他们有机会学习如何合理分工、有效协作,以及共同决策和解决冲突。通过与他人共同工作,学生发展了团队合作和协调的技能,学会倾听和尊重他人的观点。在团队合作中,学生也有机会从彼此的经验中学习,分享和汲取不同的观点和知识。这种多样性的交流和互动促进了学习过程中的深入思考和创新思维。而且,在团队合作中,学生能够体验到集体努力带来的成就感和归属感,从而激发他们的学习动力和积极性。

因此,在项目教学中,学生之间的合作关系对学生的学习和发展至关重要。通过团队合作,学生培养了团队合作和沟通能力,从而使他们在未来的学习和职业中更加成功和有成效。

(五)项目一现实社会关系

项目教学模式中的项目设置通常来源于现实社会的需求和挑战,这些项目与现实社会有着密切的关系。学生通过参与这些项目,接触到真实的问题和情境,并应对这些挑战。这种紧密的联系使学生能够将所学知识与实际应用相结合,提高他们解决实际问题的能力。

项目设置的目的不仅是帮助学生理解和应对现实问题,还能使他们熟悉职业环境和工作需求。通过项目实践,学生可以了解不同职业领域的实际工作流程和要求,培养他们的职业素养和职业技能。这种紧密联系现实社会的项目设置,有助于学生为未来的职业生涯做好准备,提高他们的就业竞争力。

通过这些教学关系,项目教学模式促进了学生的主动学习、合作学习和实践应用能力的培养。学生与教师、项目和现实社会之间的互动推动了学生的学习和成长,培养了解决问题、团队合作、创新思维和综合素质等重要能力。

三、基于 OBE 教学理念指导下的项目教学模式

OBE(outcomes-based education)即成果导向教育,作为一种先进的教育理

念,于 1981 年由美国学者斯派帝提出。OBE 是一种以学生为中心,以实现学习成果为目的,采用反向设计方法,并正向实施的人才培养模式。在 OBE 的教育系统中,教育者需要对学生的学习结果有清晰的构想,即学生在完成学业后能够干什么,并通过设计合适的教育结构来促进和保证学生实现这些教育目的。学习者的产出是该教育模式的驱动力,明显与传统的以教学内容和教育投入驱动的模式不同。从这个意义上说,OBE 是教育模式的一种革新,这种操作理念与教育方式在工程、企业应用型人才培养方面具有十分重要的意义。[①]

OBE 强调学生的主动学习,鼓励他们积极参与和负责自己的学习。这种教育方法强调学生通过实际的学习活动、实践和应用,达到预定的学习目标。OBE 教育鼓励学生主动探索、提问和解决问题,培养他们的自主学习和自我管理能力。

在 OBE 教育中,学生不仅需要掌握知识,还要学会运用知识解决实际问题。这种教育模式注重学生的自主性和合作性,培养他们的批判性思维、解决问题的能力、创新和创造等综合能力。通过实践和团队合作,学生可以更好地锻炼自己的沟通、协作和领导能力,为未来的职业发展奠定基础。此外,OBE 教育还强调对学生个体差异的尊重和满足。教师需要根据学生的需求和兴趣,制订个性化的教学计划,引导学生发挥自己的优势,实现个性化发展。这种教育方法有利于激发学生的学习兴趣和潜能,提高他们的学习满意度和成就感。

基于 OBE 教学理念,通过实际的学习活动、实践和应用,学生能够达到预定的学习目标,培养自己的批判性思维、解决问题的能力、创新和创造等综合能力。这种教育方法有利于为学生提供更加实用、贴近实际的教育,为他们的未来发展奠定坚实基础。

OBE 教育还强调评估和反馈的重要性。这种教育方法注重评估学生是否达到预设的学习目标和成果。通过不断监测和评估学生的学习成果,教师能够了解学生的进步和需要,并提供有针对性的反馈和支持。

一方面,评估在 OBE 教育中起着关键的作用。它不仅检验学生对知识的掌握,还关注学生应用知识解决问题的能力和实际表现。教师通过各种评估方法,如考试、作业、项目成果评估等,全面了解学生的学习成果和能力。另一方面,及时的反馈和支持。教师提供有针对性的反馈,根据评估结果,指导学生进一步改进和提高。学生通过反馈可以了解自己的学习进展和需要改进的方面,从而激发他们的学习动力和积极性。

评估和反馈帮助学生和教师进行有效的沟通,促进学生对自身学习的认识和自主学习的发展。此外,评估和反馈也为教师提供了关于教学效果的重要信

---

① 凤权.OBE 教育模式下应用型人才培养的研究[J].安徽工程大学学报,2016,31(3):81-85,95.

息,使其能够调整教学方法和策略,更好地满足学生的学习需求。

总结起来,OBE 理念的核心是学生中心、成果导向和持续改进理念。学习成果代表了最终产出人才的能力结构,它既是 OBE 的终点,也是起点。

而项目教学模式的实践性强,它通过引导学生解决实际问题或完成实际任务来达成教学目标。这种教学模式强调学生的主体性和主动性,培养学生的自主学习能力、实践能力和创新能力,这与 OBE 教学理念的目标是一致的。基于 OBE 教学理念的指导,项目教学模式可以更好地实现 OBE 的目标导向,明确设置项目目标、定义预期成果,并使用 OBE 的评估方法来评估学生的学习成果。项目教学模式为学习提供了一个实践和应用的平台,使他们能够在实际问题解决的过程中达到 OBE 所设定的学习目标。

因此,项目教学模式可以作为 OBE 教学理念的一种实施方法,而 OBE 提供了指导和方法论,以确保在项目教学中实现预期的学习结果。两者结合可以使教学目标更加明确、学生参与度高,并通过实践和应用来增强其学习效果。

四、科学适用的教学评价体系

教学评价在项目教学模式中的关键性地位体现在其多维度的功能中。首先,教学评价是学生学习过程中的反馈机制,通过对学生学习成果和表现的定量和定性评价,为学生提供个性化、有针对性的指导,促进其全面发展。其次,教学评价是项目教学效果的量化标准,能够帮助教师及时发现和解决教学中的问题,保证项目教学的顺利进行。

(一)学生个性化指导

在项目教学中,学生往往面对复杂的任务,需要具备跨学科的知识和技能。而学生个体差异较大,每个人在项目中的优势和薄弱之处都有所不同。教学评价通过对学生个体差异的细致关注,能够为教师提供有力的数据支持,从而实现个性化的教学指导。

以数字创意类专业的项目为例,学生可能需要同时运用图形设计、编程、音视频处理等多个领域的知识。通过定期的评价,教师可以了解到每个学生在这些领域的表现情况。例如,在某次评价中,学生 A 在图形设计方面表现出色,但在音视频处理方面存在困难。教师可以根据这一评价结果,为学生 A 提供个性化的指导,如安排额外的音视频处理训练课程,以帮助其弥补薄弱环节,全面提升综合能力。

此外,教学评价还能帮助教师更好地理解学生的学习风格、动机和兴趣,进一步实现个性化教学。例如,通过评价发现某个学生更偏向于实践性的学习,教师可以调整教学方法,增加实践环节,更好地满足学生的学习需求。这种个性化的指导不仅有助于提高学生在项目中的学习效果,也促进了个体的发展。

(二)实时调整教学策略

教学评价在项目教学中的另一大作用是实现对教学过程的实时监控和调整。项目教学常常具有复杂的结构和灵活的教学内容,而教学评价能够为教师提供即时的反馈信息,帮助其迅速调整教学策略,更好地适应学生的需求。

在数字创意类专业的项目中,学生可能在不同的技术工具上有不同的掌握程度。例如,在一个项目的中期评价中,教师发现学生普遍对某一设计软件的应用不够熟练,导致项目进展缓慢。通过及时的评价,教师可以迅速调整教学计划,增加相关软件的使用指导和实践环节,确保学生更好地掌握必要的技术工具,推动项目顺利进行。

此外,项目中可能涉及前沿的技术和工具,它们的更新速度较快。通过教学评价,教师能够及时发现学生对新技术的掌握情况,有针对性地调整教学内容,确保学生在项目中能够运用最新的工具和方法。这种及时的调整不仅有助于提高教学效果,也使学生在学习过程中能够跟上技术的发展步伐,增强实际应用能力。

(三)促进团队协作

在项目教学中,团队协作是培养学生团队合作能力的一个重要目标。而教学评价则成为评估团队协作效果的关键工具。通过对团队成员在项目中的表现进行评价,教师能够全面了解团队的协作情况,发现潜在问题,采取相应措施,促使团队更好地协作。

例如,在数字创意类专业的项目中,团队可能面临成员之间的沟通问题或分工不均等情况。通过对团队成员在项目中的表现进行评价,教师可以发现某个成员在团队中贡献较少或者沟通效果不佳。通过及时的评价反馈,教师能够与团队成员一起探讨发生问题的原因,引导团队改进沟通方式,增进团队成员之间的理解和信任。

此外,团队协作也需要学生具备一定的领导和协调能力。通过教学评价,教师可以发现在团队中表现出色的学生,从而为其提供更多担任团队领导角色的机会,培养其领导才能。这种有针对性的评价有助于发挥团队成员的优势,使团队更好地发挥协同效应,取得更好的项目成果。

(四)项目成果质量评估

再以数字创意类专业的项目为例,学生可能通过设计作品、应用程序等形式展示他们的创意和技术水平。通过对这些成果的评价,教师能够评估作品的创意性和技术实现水平等。例如,在一个应用程序设计项目中,如果学生的应用在用户界面设计上存在问题,教师可以通过评价指出问题所在,并提出改进建议,使学生更好地理解和应用设计原则。

教学评价的这一功能对学生的职业发展具有重要意义。在数字创意领域,作品集是学生就业时最直观的展示材料之一。通过教学评价,学生能够获得对自己作品的专业评估,及时了解不足之处并加以改进,从而提升作品质量,增强就业竞争力。

可见,教学评价在项目教学模式中的关键作用是不可忽视的。通过对学生个性化的指导、教学策略的实时调整、团队协作的促进及项目成果的质量评估,教学评价不仅为学生提供了全方位的学习支持,也为教师提供了有力的工具,确保项目教学能够取得良好的效果。因此,在设计和实施项目教学模式时,合理、科学地运用教学评价是至关重要的。只有不断优化教学评价体系,才能更好地激发学生的学习热情,提升他们的创新能力和实际应用能力,从而实现项目教学的最终目标。

第三节 项目教学模式与高职教学的适配度

一、项目教学模式的问题与实践导向符合高职教学的特点

项目教学模式非常适合高职专业教学,具有以下几个方面的适应性。

(一)项目教学模式适应高职专业教学的强调实践导向

高职教育是一种特殊的教育模式,其核心之一是强调实践导向。在追求实践能力培养的过程中,高职教育需要满足职业领域的需求。项目教学模式作为高职教育中的一种有效模式,能够激发学生通过实际项目的规划、设计和实施来应用所学知识和技能,进而实现对实践能力和职业素养的培养。

项目教学模式在高职教育中具有重要意义,因为它能够更好地满足高职专业教学的要求。高职专业的学生所学的理论知识和实践技能,在真正的职业环境中需要得到应用和实践,这就要求高职教育要具有实践性。而项目教学模式正是这种实践性教育的一种体现,它可以将学生从课堂转移到实际项目的实践环节中,使学生在实践中不断探索和应用所学知识,提高学生的实践能力和职业素养。

项目教学模式能够培养学生的实践能力。在项目教学中,学生需要通过实际项目的规划、设计和实施,应用所学的理论知识。在这个过程中,学生会面临各种实际问题和挑战,需要进行实地考察、数据采集、设计方案的制定等一系列

具体操作,这将锻炼学生的实践能力,提高学生解决实际问题的能力。

项目教学模式也能够培养学生的职业素养。通过项目教学,学生需要与他人进行合作、分工合作、协调资源等,这将培养学生的团队合作精神和沟通能力。另外,项目教学还能使学生更好地了解职业领域的背景和需求,从而提高学生的职业素养并拓宽其职业视野。

总之,项目教学模式作为一种鼓励学生实际项目应用的教学方式,在高职教育中具有重要的地位和作用。通过项目教学,学生能够更好地满足高职专业教学的要求,提高实践能力和职业素养。因此,高职教育应该进一步加强对项目教学的推广和应用,为学生提供更好的实践环境和机会。

(二)项目教学模式满足高职专业教学的综合应用与学科整合需求

在高职专业教学中,综合应用与学科整合被视为核心教学理念。这一理念旨在培养学生具备全面的知识结构、扎实的技能水平和综合素质,以适应不断变化的社会需求。

为实现这一目标,高职教育积极倡导跨学科、综合性的教学模式。例如,项目教学模式,以项目为核心,促使学生将多个学科领域的知识与技能有机地融合在一起,形成完整的知识体系。项目教学模式强调实践性和创新性,通过实际操作,让学生在解决实际问题的过程中,将理论知识与实践技能相结合。在这种教学模式下,学生不再是被动的接受者,而是主动的探索者和实践者。在完成项目的过程中,学生需要充分运用所学的各学科知识,如市场营销、企业管理、工程技术等,以求实现项目目标。这有助于培养学生具备较强的综合素质和团队协作能力,为未来的职业生涯奠定坚实的基础。

在项目教学过程中,教师的角色也发生了重大变化。他们不再是知识的传授者,而是学生实践过程中的指导者和辅导员。教师要引导学生正确把握项目方向,协助学生解决实践过程中遇到的问题,以促进学生主动探索、独立思考。此外,教师还需注重培养学生的沟通能力和创新能力,使学生在项目实施中不断提高自身综合能力。

项目教学模式还能帮助学生提高职业素养。在完成项目过程中,学生需要严格遵守职业道德规范,注重团队合作,养成良好的工作习惯。这对他们今后步入职场,适应各种工作环境具有积极意义。同时,项目教学还能提高学生的自主学习能力,使他们在不断探索、实践的过程中,养成主动获取新知识、解决新问题的习惯。

总之,项目教学模式能够满足高职专业教学的综合应用与学科整合需求,有助于培养学生具备扎实的专业技能、全面的综合素质和自主学习能力。这种教学模式不仅使学生能够更好地适应社会发展的需求,也为我国经济建设培养了大批具有创新精神和实践能力的高素质技能型人才。在未来的职业教育发展中,我们将继续深化综合应用与学科整合的教学改革,为高职学生创造更多实践、创新的机会,为我国经济社会发展贡献力量。

(三)项目教学模式适应高职专业教学的培养实践能力和职业能力目标

高职专业教育的一项重要目标是培养学生的实践能力和职业能力,使他们具备在职业领域中胜任工作的能力。为实现这一目标,高职教育采用了项目教学模式,这一教学模式强调学生通过实际项目的实践和应用来培养实践能力和职业素养。

项目教学模式的核心是让学生亲自参与实际项目,通过解决实际问题和完成任务来进行学习。这种学习方式比单纯的理论授课更加贴近职业实践,能够使学生在实践中不断提高实践能力和职业素养。相比于传统的教学方式,项目教学模式更偏重于实践,让学生亲身参与到真实的项目中,实践和应用所学的知识和技能。通过实际项目的规划、设计和实施,学生能够在真实的情境中进行实践,从而更加深入地理解和掌握所学内容,并能够将其应用于实际工作中。

项目教学模式能够通过解决问题和完成任务来培养学生的实践能力和职业素养。在项目教学中,学生需要面对各种实际问题和挑战,通过自主思考和团队合作来解决问题。这不仅能锻炼学生的实践能力,还能培养学生的创新思维和问题解决能力。同时,通过完成项目任务,学生能够逐渐培养职业素养,如工作责任心、沟通协作能力、时间管理能力等,为未来的职业生涯做好充分准备。

项目教学模式在高职专业教育中具有重要意义,能够有效地培养学生的实践能力和职业素养。通过实际项目的实践和应用,学生能够更好地理解和掌握所学知识和技能,并能够将其运用于实际工作中。同时,通过解决问题和完成任务,能够培养学生出色的实践能力和职业素养,为未来的职业发展打下扎实的基础。

(四)项目教学模式适应高职专业教学的问题导向和创新思维培养目标

项目教学模式注重学生通过面对实际问题的解决来发展批判性思维、解决问题的能力和创新能力,这非常适合高职专业教育。

项目教学模式鼓励学生面对实际问题寻找解决方案。这种教学模式会提供实践的平台,让学生在真实的项目中解决实际问题。通过实践中的挑战和困难,学生需要主动思考和寻找解决办法,从而培养了学生的批判性思维和问题解决能力。学生在面对实际问题时,需要运用所学的知识和技能,积极思考并提出创新的解决方案,这促使他们不断挑战自己的思维模式和学科边界,培养创新能力。

项目教学模式强调学生在实践中的角色转变。在传统教学中,学生更多地扮演被动接受知识的角色,而在项目教学中,学生则扮演主动探索者和实践者的角色。学生需要主动参与到项目中,面对实际问题进行思考和探索,这培养了他们的自主学习能力和批判性思维。同时,通过实践环节中的团队合作和交流,学生还能够锻炼合作和沟通能力,培养创新思维和解决问题的能力。

项目教学模式注重培养学生通过解决实际问题来发展批判性思维、解决问题的能力和创新能力,非常适合高职专业教育。通过实践项目和解决实际问题的过程,学生能够积极思考和探索,运用所学知识和技能进行创新性的思维和提出解决方案。因此,高职教育应该进一步加强对项目教学模式的应用和推广,为学生提供更多实践和创新的机会,培养出更具实践能力和创新思维的高素质技术人才。

(五)项目教学模式适应高职专业教学的合作学习和团队合作培养目标

高职教育非常注重培养学生的团队合作和协作能力,因为职业中通常需要与他人合作来共同完成任务。因此,项目教学模式成为一种广泛采用的教学方式,通过学生之间的合作学习和团队合作来推动项目的进展,有效培养学生的团队合作和沟通能力。项目教学模式鼓励学生进行合作学习。在项目教学中,学生往往需要以小组为单位,与队友共同完成任务和解决实际问题。学生在合作学习中需要相互讨论、交流,并分享各自的专业知识和技能。通过这样的合作学习,学生能够互相借鉴、互相促进,加深对所学内容的理解和掌握。同时,学生也能够培养团队协作的意识和能力,学会与他人合作共事,形成良好的工作氛围和合作关系。项目教学模式推动学生进行团队合作。在项目中,学生需要分工合作,各尽所能,共同协作完成项目目标。这样的团队合作促使学生培养出互相协调、互相信任的能力。学生需要学会有效沟通和分享信息,充分发挥每个人的特长和潜力。

通过这样的团队合作,学生能够在项目实施中取得更好的成果,同时也培养出良好的团队合作和领导能力。项目教学模式也能够帮助学生提升沟通能力。在项目中,学生需要与团队成员和其他相关方进行有效的沟通,明确任务要求和目标,协调各方资源,解决合作中的问题。通过这样的实践,学生能够提高沟通的准确性、流畅性和适应性,培养良好的沟通能力。这对于日后在职场中处理各种人际关系和进行有效的沟通,都具有重要意义。高职教育非常注重培养学生的团队合作和协作能力,以适应职业中所需的合作环境。因此,高职教育应该进一步加强对项目教学模式的应用和推广,为学生提供更多合作学习和团队合作的机会,培养出更具团队合作和沟通能力的高素质技术人才。

(六)项目教学模式适应高职专业教学的实践意义和成就感培养目标

高职专业教育注重能力实践和职业适应性,通过项目教学模式,学生能够在实际项目中获得实践经验和成就感。这能够增强学生对所学知识和技能的理解与应用的信心。

高职专业教育强调能力实践和职业适应性,旨在培养学生在职业领域中具备实践经验和适应能力。而项目教学模式作为一种有效的教学方式,有助于学生在实际项目中获得实践经验和成就感,从而增强对所学知识和技能的理解和应用的信心。首先,项目教学模式能够为学生提供实践经验。在项目教学中,学生需要参与实际项目的规划、设计和实施,并与实际问题进行交互。通过实践项目,学生能够直接面对真实的情景和挑战,亲身体验与职业相关的工作环境和要求。这种实践经验能够让学生更深入地理解和应用所学的知识和技能,培养学生在实际工作中的能力和经验。其次,项目教学模式能够给予学生成就感。在项目教学中,学生需要通过解决实际问题和完成任务来实现项目目标。当学生在项目中取得成功并展现出色表现时,他们会获得成就感和自豪感。

这种成就感能够增强学生对所学知识和技能的信心,激发他们更积极地学习和应用所学。同时,通过项目教学的反馈和评估,学生也能够直观地看到自己的进步和成果,从而进一步增强对自身能力的认知和自信心。总之,高职专业教育注重能力实践和职业适应性,而项目教学模式能够通过实践经验和成就感的提供,增强学生对所学知识和技能的理解与应用的信心。学生通过参与实际项目,获得了实践经验,并在完成项目过程中产生了成就感,这有助于培养学生的实践能力和职业素养。因此,高职教育应继续推广和应用项目教学模式,为学生提供更多实践和成就的机会,激发他们的学习动力和自信心,促进他们在职业领域的成功。

二、创新教学评价体系是提升项目教学适配度的关键

创新教学评价体系在数字创意类专业项目教学中具有独特的优势,它能够更好地适应这一领域的实际需求,包括个性化评价、实践性评价、过程性评价和跨学科评价等方面,提高项目教学的适配度。

(一)个性化评价与学生差异适配

数字创意类专业往往涵盖广泛的领域,包括图形设计、动画制作、编程等多

个方向。不同学生在这些领域可能具有差异化的专业背景和兴趣。传统评价难以全面反映这些差异,而创新教学评价体系通过个性化评价能够更好地适应数字创意类专业项目教学的特点。

例如,在一个数字创意项目中,学生被分成设计组和编程组。传统评价可能会关注整个团队的成果,而创新评价体系会对每个小组成员的贡献进行具体评估。例如,设计组的学生可能会受到更多关于创意设计的个性化评价,而编程组的学生则会在技术实现方面得到更为详细的指导。这样的个性化评价方式更好地满足了学生在数字创意领域的个体差异发展的需求,有助于他们在专业领域中发展和突出自己的特长。

(二)实践性评价与职业需求适配

数字创意类专业强调实际操作和应用能力,学生需要在项目中运用各种工具和技术,而不仅仅是理论知识。创新教学评价体系通过强调实践性评价,更好地适应数字创意专业项目教学的实际需求。

例如,考虑一个数字创意类设计项目,学生需要合作完成一个交互式应用程序。传统评价可能主要关注文档撰写和理论分析,而创新评价体系会更注重学生在应用程序设计和实现阶段的实际操作能力。通过对学生在项目中的具体工作过程进行评价,教师能够更准确地了解他们在应用技术工具、解决实际问题上的表现,使评价更加贴近职业实践的要求。

(三)过程性评价与学习动力适配

数字创意类设计项目通常是一个创意迭代和技术调试的过程,学生需要在整个项目周期内不断调整和改进。创新教学评价体系强调过程性评价,能够更全面地对学生的学习过程进行监控与评价,调动学生的学习动力。

例如,在数字创意类设计项目中,学生需要进行多次创意提炼和设计修改。传统评价可能仅仅关注最终设计成果,而创新评价体系会在设计的不同阶段进行评估。通过对学生在创意构思、设计实践和修改优化过程中的表现进行评价,教师能够更及时地发现学生在学习过程中的困难和问题,给予针对性的引导和支持,从而调动学生更积极地参与项目学习。

(四)跨学科评价与综合素养适配

数字创意类专业往往涉及多个学科领域,包括设计、技术、美术等。只有开展跨学科评价,才能全面考查学生在这些领域的表现。

例如,在一个 VR 项目中,学生可能需要同时应用设计技能、编程知识和美学原理。传统评价可能更注重某一方面的表现,而创新评价体系则会建立跨学科的评价框架。通过对学生在 VR 项目中的设计创新、技术实现和用户体验等多个方面进行全面评估,教师能够更好地把握学生在不同领域的综合素养,为他们在数字创意领域的未来职业发展奠定更为坚实的基础。

创新教学评价体系在数字创意类专业项目教学中的应用不仅有助于更好地满足学生个体差异、实际需求和综合素养的培养,同时提升了项目教学模式与高职教学的适配度。通过个性化、实践性、过程性和跨学科的评价,数字创意类专业的学生能够更全面地展现自己的潜力,更好地适应未来数字创意领域的职业发展。

根据《浙江省职业教育"十四五"发展规划》,高职教育需要开展以适应"做中学"为原则的项目模块教学和任务驱动式教学,以提高教学效果。该规划还强调了完善人才培养考核评价机制,以适应岗位要求和学生成长的需要。在这一背景下,项目教学模式的改革能够更准确地反映学生的学习效果,提高教学质量,也更符合社会对人才的需求。通过项目教学模式的改革,可以实现高职教育目标的有效实施,培养出符合职业要求的高素质人才,为经济社会发展提供有力支撑。因此,高职教育应该进一步推广和实施项目教学模式的改革,为学生提供更贴近实际的学习体验和培养机会。

第三章

项目教学评价体系框架搭建与创新

第一节　搭建教学评价体系的理论基础

项目教学评价体系的构建是一个复杂的过程，它涉及多个理论层面的综合运用。首先，CIPP评价模式（决策导向或改良导向的评价模式）等教育评价理论提供了全面评估学生学科知识、实际应用能力和团队协作的理论基础。其次，任务型学习理论指导评价体系关注学生在项目中完成具体任务的能力。综合评价理论强调从多个角度评估学生的表现，以确保评价体系能全面反映学生的综合素养。构建性评价理论的运用保障了评价体系能够为学生提供有针对性的建议，促进其进一步发展。最后，将学科教育理念、实践导向与解题理论整合进评价体系，确保其与项目教学目标紧密契合。这种多理论层面的综合运用旨在确保评价体系全面、多维度地衡量学生在项目中的表现和学习效果，为项目教学提供全方位的评估支持。

一、评价体系的全面性

在项目教学中，学生的学习是以实际项目为载体展开的。因此，教育评估理论提供了有关评价标准和方法的重要参考。这包括从认知、情感、技能等多个层面对学生进行全面评估，以确保评价既能反映学科知识的掌握情况，又能关注学生的实际应用能力和团队协作能力。这样的理论基础有助于建构能够全面衡量学生综合素养的项目教学评价体系。

在构建项目教学评价体系时，教育评价理论提供了重要的借鉴。例如，行为主义理论成为体系建构的重要理论来源，其核心观点在于强调人的社会行为控制的必要性和可能性，并试图用操作行为强化理论体系改造社会[①]。在项目教学中，这意味着强调观察学生在完成具体任务时的准确性和效率。通过明确的任务目标，我们能够更加细致入微地测量学生在项目中的具体行为表现，实现对其实际操作能力的全面评估。这种基于行为主义评估理论的教学评价体系，不仅

---

① 　B.F.斯金纳.科学与人类行为[M].王京生，译. 北京：中国人民大学出版社，2023.

使我们能够深刻理解学生的学习成果,还能激发学生在实际项目中培养出卓越的技能和全面的能力。

认知评价理论为评价体系提供了更深层次的内涵,它强调学生对知识的理解和思考能力的重要性[①]。在项目教学评价中,积极运用认知理论的核心理念,通过关注学生的思维过程可以确保评价体系更贴近实际学习需求。我们注重考查学生在项目中的问题解决策略,促使他们展现创新性思维,并深入评估他们对所学知识的理解深度。这种基于认知评估理论的教学评价体系,不仅注重学生的知识获取,更强调他们在实际情境中运用知识的能力。本书深入研究如何借助认知评估理论,打造更为全面、深入的项目教学评价体系,促使学生在思维能力和知识理解上取得更为显著的进步。

在行为主义和认知主义者看来,知识的确定性不是问题,问题是学习者如何获得知识。相反,建构主义对知识的客观性和确定性加以怀疑。建构主义不再将知识看作有关现实的知识,认为知识并不是对现实的准确表达,而是主体对客观世界的一种解释或假设,具有暂定性。[②] 借鉴建构主义理论,评价系统特别强调学生在项目中的建构过程和个体差异。项目教学体系通过深入关注学生个性化的发展路径,着眼于培养学生在合作与团队协作中的表现。建构主义理论的融入使评价体系更加注重学生在项目中的合作、沟通和团队协作等方面的发展,深入理解每位学生的独特学习风格和知识建构方式,从而为其提供更有针对性的评价和反馈。这一理论框架的应用不仅使评价更加全面,还能推动学生在项目中展现个性化的学习成果,培养他们在协作环境中更为丰富和多样的技能。本书深入研究如何借助建构主义评估理论,构建更加贴近学生个性发展的项目教学评价体系。

社会文化评价理论为评价体系注入了关于学习的社会文化过程的深刻思考。在项目教学中,我们致力于评价学生的社交技能和团队协作能力,强调他们与社会环境的互动。在文化多元、价值多元逐步被人们认同的背景下,当代教育评价开始关注评价活动中多元利益相关者的价值诉求。人们在评价过程中开始关注到评价者、被评价者各自的价值立场,并力图在制定评价标准、收集评价信息资料、采用评价方法上能够兼顾更多的价值取向。[③] 我们关注学生如何在项目中与同伴互动,以及在协作中展现的沟通技巧和团队合作精神。社会文化评估理论的引入使我们更全面地了解学生的学习过程,并确保评价体系更贴近学生

① 丁锦红,张钦,郭春彦,等.认知心理学[M].2版.北京:中国人民大学出版社,2014.

② 叶增编.建构主义学习理论与行为主义、认知主义关键特征之比较[J].现代远程教育研究,2006(3):64-66.

③ 杜瑛.西方教育评价理论发展的社会文化基础探析[J].教育测量与评价(理论版),2012(10):22-27.

在现实社会中的发展需求。本书深入探讨如何运用社会文化评估理论,构建能够反映学生社交和团队协作能力的项目教学评价体系。

通过这些理论的整合运用,项目教学评价体系得以全面、多维度地评估学生在项目中的表现和学习效果。理论的融合使评价体系更贴近项目教学目标,旨在更好地指导学生的学习和发展。

二、评价体系的真实性

任务型学习理论的引导在项目教学评价体系的构建中发挥着至关重要的作用。这一理论专注于通过完成具体任务来激发学生学习,将学习与实际应用密切结合。在项目教学中,每个项目本质上都是一项具体的任务,这使任务型学习理论在评价体系的设计中具有显著的指导作用。任务型教学重视的是学生在执行任务过程中的能力和策略的培养,重视学生在完成任务过程中的参与和交流活动。[①] 通过任务型学习的引导,评价体系更能贴近实际应用场景,关注学生在解决实际问题中的能力和表现。这种理论的应用不仅强调理论学习,更注重学生在实际项目中的实践经验,为评价体系注入了更为实用和综合的元素。

任务型学习理论有助于确定评价体系中任务的合理性。通过对项目任务的明确定义和设计,评价体系能够更好地反映实际项目的要求。任务的合理性包括任务的挑战性、实际性和与学科知识的整合程度等方面,确保评价体系不仅关注任务的完成,还关注任务完成过程中学生学习的真实性和深度。

任务型学习理论有助于确定任务完成的关键指标。在评价体系中,明确定义任务完成的关键指标是确保评价具体、有针对性的关键一环。这可能涉及实际问题的解决方案、创新思维的运用、团队合作的贡献等方面。这一步骤确保评价体系不仅关注学生在项目中的行为,更关注任务完成的实际质量和学科素养的体现。

最重要的是,任务型学习理论的引导使评价体系更加关注学生在实际项目中的应用能力和解决问题的能力。评价体系不仅限于对理论知识的检测,而是更加注重学生将知识应用到实际情境中的能力。这意味着学生需要展现出解决实际问题的能力,运用学科知识解决项目中遇到的挑战,使评价更具实际意义。

任务型学习理论为项目教学评价体系的构建提供了有力的理论基础。通过将每个项目视为一项任务,该体系更加注重学生在实际应用和问题解决中的能力,从而使评价更加贴近真实学习需求,更好地指导学生在实际项目中的学习过程。

---

① 袁昌寰.任务型学习理论在英语教学中的实践[J].课程·教材·教法,2002(7):40-43.

三、评价体系的发展性

构建性评价理论在项目教学评价体系中的运用对学生的全面发展起到了关键作用。这一理论强调的不仅仅是对学生过去表现的总结,更在于为学生提供具体建议,以促进他们在未来的学习过程中取得更进一步的发展。通过构建性评价,评价体系不仅聚焦于学生的强项和成就,还关注个体的潜在成长点。这种关注未来发展的方式激发了学生对自身学习的主动性和积极性。构建性评价理论的运用使评价过程更具有指导性,为学生提供了更有针对性的反馈,帮助他们更好地理解自身学习需求,进而制订未来的学习计划。

构建性评价理论通过具体建议激发学生的自主学习。在项目教学中,学生通常需要在实践中不断尝试、探索和改进。通过为学生提供具体的建议,评价体系不仅告诉学生他们做得好的地方,更关键的是指出他们需要改进的方面。这样的反馈激励学生主动参与学习过程,促使他们在项目中更有针对性地改进和深化自己的学习。

构建性评价理论的应用还有助于指导学生在项目中的改进。评价体系提供的不仅仅是评价结果,更是对项目表现的深入分析和改进建议。这种反馈不仅有助于学生理解自己的不足,更为他们提供了实际可行的改进方案。学生在了解如何改进的同时,也更容易形成对项目任务的深层次理解,推动了学习的深度和广度。

最重要的是,构建性评价理论确保评价体系的关注点不仅在于学生过去的表现,更在于学生未来的发展。通过指导学生在项目中的改进和深化,评价体系实际上为学生未来的学习和职业发展提供了引导。这种理论基础使评价不只是对过去的简单总结,还为学生未来的发展铺平了道路。

综合而言,构建性评价理论在项目教学评价体系中的运用,赋予了评价更为深刻和实际的意义。通过为学生提供具体建议,引导他们在项目中进行改进和深化,评价体系不仅仅是对学生过去表现的记录,更是对学生未来发展的积极引导。这种关注学生未来的评价方式更加符合项目教学的目标,使学生能够在实际应用中不断提升和发展。

四、评价体系的针对性

首先,学科教育理念的整合保障了评价体系与数字创意类专业的培养目标紧密契合。在数字创意项目中,学科理念可能包括对创意性思维的培养、对技术实现的要求,以及对美学理念的体现等。将这些理念整合到评价体系中,有助于确保评价不仅关注学生的一般能力,还具体到数字创意类专业所要求的核心素养。

其次,学科特点的考量使评价更具针对性。数字创意类专业的项目可能更加侧重实际操作、创新性思维和团队协作,而这些特点需要在评价体系中得到反映。例如,一个数字创意项目的评价体系可以更关注学生在项目中的实际设计实现过程、创意构思的独特性,以及在团队协作中的角色扮演和贡献度。

再次,学科教育理念的融入有助于评价体系更好地关注学科专业知识的传授和应用。数字创意类专业涵盖多个方向,包括但不限于视觉设计、数字媒体制作等。评价体系应该能够准确衡量学生对这些专业知识的理解和实际运用,以确保他们能够胜任未来相关职业领域的工作。

最后,将学科特点融入评价体系有助于培养学生的跨学科综合能力。数字创意项目往往要求学生在美学、技术和设计等多个领域中具备相应的能力。评价体系的建构应该能够全面评估学生在这些领域的综合素养,以培养出更具有综合能力的数字创意类专业人才。

可见,将学科教育理念融入项目教学的评价体系中,可以确保评价更贴合数字创意类专业的培养目标,更全面地考查学生在特定领域的发展,为学生提供更为有效的学习指导和职业发展支持。

五、评价体系的有效性

项目教学的本质是培养学生的实际应用能力和解决问题的能力。为确保评价体系更贴近项目教学的目标,实践导向与解题理论的结合为评价体系的建构提供了实际指导。这一理论基础旨在关注学生在解决实际问题中的表现,推动他们能够熟练运用所学知识,满足职业岗位的真实需求。

解题理论强调学生在面对挑战和问题时的思考和解决能力。在项目教学中,学生通常面对复杂的问题,需要运用多学科知识和跨领域技能来寻求解决方案。评价体系需要关注学生在项目中如何分析问题、提出解决方案,并在实践中验证这些解决方案的有效性。这有助于培养学生的批判性思维和解决问题的能力。

结合实践导向与解题理论,评价体系可以更全面地考查学生在项目中的表现,包括学生对项目任务的全面理解、对实际问题的准确识别、对解决方案的创新性思考及在实践中的执行能力。通过综合考查这些方面,评价体系能够更客观地反映学生在项目中实际应用和解决问题方面的能力水平。

最终,这一理论基础的运用有助于评价体系更加贴近项目教学的核心目标,即培养学生在真实工作环境中所需的能力。学生通过参与项目,不仅学到理论知识,还在实际应用和解决问题中培养了实际能力。评价体系的建构应当确保能够充分反映学生在这些核心能力方面的表现,以更好地指导项目教学的实施。

第二节 创新符合生成式人工智能特色的项目教学评价体系框架

系统性研究项目教学模式的教学评价体系需要兼顾标准、原则、方法和指标体系的通用特点。同时,应关注生成式人工智能技术对项目制作和评价标准所带来的变革。评价标准需具有普适性,能够适用于不同项目;原则制定需紧密围绕教学目标展开。同时,采用灵活多样的方法,以满足不同项目的特殊性需求,指标体系设计要全面、有针对性。当前,生成式人工智能技术的崛起对项目制作和评价提出的新挑战,可能影响到创意性、技术性等方面。因此,评价体系需要灵活适应这些技术的发展,确保对创新性和技术要求的准确评估。在构建教学评价体系时,应及时更新评价标准和方法,以确保它们在生成式人工智能时代依然保持有效性和实用性。

一、基于生成式人工智能的项目教学评价体系框架

生成式人工智能时代的项目教学评价体系框架包括任务设计模型、评价指标体系、过程监控体系、数据收集与分析四个主要部分,同时评价原则体系对该框架提供支持,如图 3-1 所示。

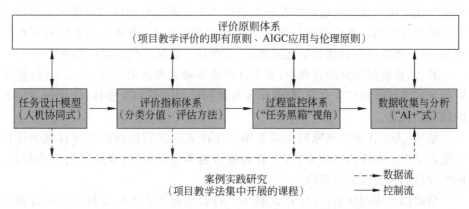

图 3-1 生成式人工智能时代的项目教学评价体系框架

(一)人机协同式的项目任务设计模型

首先根据专业课程和项目需求构建人机协同式的项目任务设计模型,在任务设计的层面,深入思考生成式人工智能的使用时机与比例,以确保任务设计既符合专业课程的教学目标,又能最大限度地发挥生成式人工智能技术的优势。

通过精心设计的任务,旨在为学生提供具有挑战性和实践性的学习体验,使其能够在项目中全面发展专业能力。此外,还要注重任务明确的评价指标,以便客观地衡量生成式人工智能技术在评价过程中的运用和人机主导程度。通过科学设定的评价指标,我们能够更准确地评估学生在项目中的表现和成果。同时,关注人机主导程度,确保学生在项目中的实际参与度,使评价更具有实际意义。我们强调在评价中注重全面性和公正性,以确保每位学生都能得到恰当的评价。

另外,通过"AI+"的方式,即用人工智能技术来收集和分析学生的数据,如学习过程中的交互数据和学习成果的输出。这种全方位的数据收集方式为个性化学习提供了有力支持,同时为教师提供了更多的信息,以更好地指导和辅导学生。利用生成式人工智能的生成能力,能够高效地生成评价报告和反馈,为教师和学生提供准确、全面的评价结果,从而实现更有效的教学与学习过程。

(二)符合生成式人工智能特色的项目教学评价原则体系的建立

在构建项目教学评价体系时,首先应以满足生成式人工智能技术特点为基础。其中,主要的核心判断标准是使用者主导性原则,即评价过程应该由使用者来主导,以充分反映使用者在项目教学中的需求和目标;将评价方法的结果可利用性与过程全面性相结合,即评价方法在提供评价结果的同时,也应该全面地反映项目教学的各个方面和过程,确保评价结果的实用性和可操作性;评价指标的可操作性与可测量性也是构建符合生成式人工智能特色的项目教学评价原则体系中的重要原则。评价指标应该具有明确的操作过程,方便使用者进行操作和评估,并且可以进行具体的量化或测量,以保证评价结果的客观性和科学性。

其次,在数据收集的过程中,安全性原则是必须考虑的因素之一。评价数据的收集应保证数据的安全性,即确保评价数据的保密性和完整性,以保护使用者的隐私和权益。

最后,人工智能伦理原则也需要纳入生成式人工智能特色的项目教学评价原则体系中。在评价过程中,人工智能应该遵循伦理原则,尊重使用者的权益,确保评价的公正性和可靠性。

借助以上原则体系,可以建立起一个符合生成式人工智能特色的项目教学评价体系,确保评价结果的准确性、可操作性及评价过程的全面性和安全性。

(三)支撑性的案例实践研究

为验证上述评价体系框架的可行性与效果,可以以项目教学模式集中开展若干课程,并进行支撑性的案例实践研究。通过这些实践研究,可以进一步探讨和优化该评价体系。在这些课程中,根据生成式人工智能特色的项目教学评价原则体系,设计评价指标,并结合实际情况确定具体的评价方法。通过收集和分析相关的数据,我们可以对该评价体系的可行性和效果进行评估。

同时,在实践研究中,我们也需要关注该评价体系的优势和不足之处。通过讨论和总结,我们可以深入了解该评价体系的优势和局限性。

评价体系的优势包括使用者主导性原则使评价过程更灵活和贴近实际需求;结果可利用性与过程全面性原则确保评价结果具有实用性和全面性;可操作性与可测量性原则使评价指标具有明确的操作过程和可量化的特点;安全性原则保护使用者的隐私和权益;人工智能伦理原则确保评价过程的公正性和可靠性。

然而,评价体系也可能存在一些不足之处。例如,存在一定的主观性和个体差异,导致结果的相对性。同时,评价指标的确定和数据收集可能会面临一些技术或实践上的挑战,需要仔细权衡。

通过实践研究的结果,对该评价体系进行改进和优化,进一步提高其准确性和可操作性,确保其在项目教学中的有效应用。这样,我们可以建立起一个符合生成式人工智能特色的项目教学评价体系,为教学提供有效的评价支持。

该评价体系在若干项目教学课程中得到了实施,旨在验证这一评价体系框架的可行性与效果,并进一步优化这一体系。同时,对该体系的优势与不足之处进行了讨论与总结。

二、该评价体系框架的创新点

(一)解决了当前的热点问题

该评价体系框架是根据生成式人工智能技术对职业教育的影响、职业教育中广泛开展的项目教学评价精心设计的。它抓住了当前的热点问题,同时紧密关注职业教育的实际需求。该评价体系能真正解决职业教育中一系列迫在眉睫的问题。

该评价体系框架能够在一定程度上解决生成式人工智能在项目任务中的评价难题。随着生成式人工智能技术的快速发展,项目教学中的评价变得复杂和困难。然而,通过遵循使用者主导性原则,该评价体系框架将评价过程交由使用者来主导,从而能够更好地适应生成式人工智能技术的特点和需求,使评价过程更为灵活和准确。

同时,该评价体系框架对教师和学生在专业教学中学习应用生成式人工智能技术进行了规划。评价指标的可操作性和可测量性原则,使教师和学生能够更清晰地了解如何应用生成式人工智能技术,并从中获得有效的反馈和指导。这样,师生都能够更好地理解和应用生成式人工智能技术,提高专业教学的质量和效果。本框架遵循使用者主导性原则、评价结果可利用性与过程全面性原则、评价指标的可操作性与可测量性原则、数据收集的安全性原则、人工智能伦理原则等,能够更好地满足职业教育的需求,推动职业教育与生成式人工智能技术的深度融合。

(二)形成通用的评价模型

通过对评价体系框架开展相关研究,可以形成一种人机协同式的项目任务设计模型,该模型旨在预设并验证人工智能(生成式人工智能)在项目与任务中的运用时机和程度。该模型具有广泛的应用价值,可以广泛应用在高职各课程的项目教学任务设计中,并可根据不同的课程特点灵活进行调整。

人机协同式的项目任务设计模型能够有效地解决生成式人工智能在项目任务中的评价难题。生成式人工智能技术的快速发展,使项目教学中的评价过程变得更为复杂。然而,通过预设与验证生成式人工智能在项目与任务中的运用时机和程度,该模型能够为教师提供更为准确和全面的评价依据,以确保评价过程的公正性和科学性。

该模型还可以为师生在专业教学中学习应用生成式人工智能技术做好规划。在高职教育中,教师和学生需要了解如何正确地应用生成式人工智能技术,并从中获得有效的反馈和指导。人机协同式的项目任务设计模型通过评价指标的可操作性和可测量性原则,使教师和学生能够更清晰地了解如何应用生成式人工智能技术,并为其提供针对性的指导和支持。

此外,该模型还可以根据不同的课程特点灵活调整,以满足不同学科领域的教学需求。高职教育中的课程种类繁多,不同课程的教学目标和内容也有所不同。因此,在应用人机协同式的项目任务设计模型时,教师需要根据不同课程的特点进行相应的调整,以确保模型的有效性和适用性。这不仅可以提高高职教育的教学质量和效果,还可以促使师生在专业教学中更好地学习和应用生成式人工智能技术。

(三)构建过程监控体系

在教育教学工作中,过程监控体系的构建对于提高教学质量、促进学生全面发展具有重要意义。随着人工智能与教育相结合的不断深入,构建基于人工智能的过程监控体系已成为当前教育研究的重要课题。该评价体系框架从"任务黑箱"阶段视角,探讨如何在人工智能与教育相结合的时代构建有效的过程监控体系,以期为教育教学实践提供理论支持。

首先,需要了解学生在完成教学项目中的基本工作过程和特点。在生成式人工智能时代,学生需要通过自主探究、合作学习等方式完成教学项目。在这个过程中,学生不仅需要具备扎实的专业知识,还需要具备较强的自主学习能力、团队协作能力和创新能力。因此,在构建过程监控体系时,应充分考虑这些特点,以保证监控体系的针对性和有效性。

其次,从任务黑箱视角探索学生项目评价的关键环节和应对策略。在教学过程中,黑箱阶段是学生完成项目的重要阶段。在这一阶段,学生需要独立完成项目任务,而教师往往难以直接观察到学生的具体操作。因此,构建基于人工智能的过程监控体系,可以有效解决黑箱阶段的监控难题。通过运用人工智能技术,如数据挖掘、自然语言处理等,可以实时收集学生的学习数据,对学生的项目完成情况进行全面、客观地评估。同时,结合学生的历史学习数据,可以预测学生可能遇到的问题,并提前制定应对策略,从而为学生提供个性化的指导和支持。

最后,完成项目制作过程的监控体系构建。在构建过程监控体系时,教师应充分发挥人工智能工具的优势,实现对学生的实时监控与评价。具体而言,教师可以通过以下几个方面来完成监控体系的构建。

(1)制定明确的项目评价标准。根据教学目标和学科特点,制定具体、可量化的项目评价标准,以确保评价的公正性和准确性。

(2)建立实时数据采集机制。利用人工智能工具,实时采集学生的学习数据,了解学生的项目完成进度和遇到的问题。

(3)搭建多元化评价平台。借助人工智能技术,构建涵盖学生自评、同伴评价、教师评价等多种评价方式的多元化评价平台。

(4)实施个性化的指导与支持。根据学生的学习数据,分析学生的问题所在,为学生提供有针对性的指导和建议。

(5)强化监控体系的反馈与改进。根据监控数据,及时调整教学策略,优化教学资源,以提高教学质量。

总之,从任务黑箱阶段视角探索过程监控体系的构建方法,具有较高的可行性。运用人工智能工具,可以提高黑箱阶段的监控工作效率与评价准确性,为生成式人工智能时代的教育教学改革提供有力支持。在实际教学过程中,教师应充分发挥人工智能的优势,构建科学、合理的过程监控体系,为学生的项目完成提供有力保障。

(四)建立项目教学评价的原则体系

要建立符合生成式人工智能特色的项目教学评价原则体系,需要综合考虑项目教学评价的既有原则与生成式人工智能技术特色。这样的原则体系能够有效指导评价实践,客观地衡量学生在项目中的表现和成果,从而取得全面、准确的项目教学评价结果。

首先,原则体系的建立需要考虑既有原则,即继承和发扬传统教育评价的优点与原则。在评价体系中,传统教育评价的标准和要求可以作为参考,继续强调学生学习的基本素养和专业知识的掌握。项目教学评价在确定评价指标时,应保持教育评价的一般性原则,以确保评价结果与整体教育目标保持一致。

其次,原则体系需要充分考虑生成式人工智能技术的特色。生成式人工智能技术的运用使评价过程更加灵活、高效和智能。在原则体系中应融入生成式人工智能技术的主导性原则,即评价过程由使用者主导,能够反映使用者在项目教学中的需求和目标。此外,考虑到生成式人工智能技术在数据分析和处理中的能力,原则体系还应注重评价指标的可操作性与可测量性,以确保评价结果具有明确的操作过程和可量化的特点。

最后,原则体系应结合项目教学的特点,确保评价的准确性和全面性。项目教学强调实践和应用能力的培养,因此在原则体系中,应考虑评价方法的结果可利用性与过程全面性相结合的原则。评价结果不仅要能够衡量学生的成果,还需要能够全面地反映学生在项目过程中的表现和能力发展。当然,在原则体系的指导下,为确保数据的安全性和评价的公正性,还需要在数据收集过程中遵守安全性原则和人工智能伦理原则,以保护学生的隐私和权益。

总之,构建符合生成式人工智能特色的项目教学评价原则体系,能够在评价实践中确保评价的准确性和全面性,充分发挥生成式人工智能技术的优势,提高评价结果的可靠性和可操作性。在这样的原则体系指导下,项目教学评价将更加科学、有效,并为教学提供支持和指导。

第四章
项目教学任务设计的模型构建

在生成式人工智能时代背景下,如何根据高职数字创意类专业项目的实际需求构建人机协同式的任务设计模型,是进行针对性项目教学改革的第一步。在深入分析专业课程和项目的教学目标,以及理解生成式人工智能技术的特点与应用的基础上,本章提出了一种新的人机协同式任务设计模型。在本任务设计中,我们着重考虑生成式人工智能的使用时机与比例,以确保任务能够达到专业课程的教学目标,同时最大限度地利用生成式人工智能技术的优势。

第一节 项目教学任务设计概述

一、什么是项目教学任务设计

(一)任务设计的理论基础

在项目教学中,任务设计是至关重要的教学环节。其理论基础涵盖教育学、认知心理学和教育技术学等多个领域,形成了一个跨学科的理论框架。通过整合这些领域的理论知识,我们能够更全面、更有效地规划和设计任务。

教育学为任务设计提供了教学目标、学习理论等基础,认知心理学则关注学生的思维过程和知觉,为任务设计提供了深刻理解。教育技术学的理论为任务设计注入了创新元素,利用技术手段拓展任务的形式和内容。这种综合性的理论基础有助于任务设计更好地满足学生的学习需求,使教学过程更具启发性和实效性。在当前技术环境下,任务设计的理论基础的综合运用使教育者能够更灵活地应对多样化的学习场景和需求。

1. 教育学的理论基础

在教育学领域,任务设计的理论基础主要涉及教育目标、教学法和评价等方面的理论。

1)教育目标理论

教育目标的设定是任务设计的出发点。根据拉尔夫·泰勒(Ralph Tyler)的目标理论,明确的教育目标是任务设计的出发点。这一理论强调教育应该设定清晰的目标,任务则应该是实现这些目标的有效手段。在任务设计中,教育目标理论引导着我们确定任务的学科性质、学科目标及具体的学科内容。理论的基本原则是确保任务与既定的教育目标密切相关,使学生在任务完成过程中能够达到既定的学习效果。泰勒认为,尽管能有效地达到教育目标的学习经验数量众多,特征不一,但可以把注意力放在一些主要特征上,即学习经验是否有助于培养思维技能、获得信息、形成社会态度、培养兴趣。他强调,我们可以用多种学习经验达到某一目标;同一学习经验也可以用来达到多个目标。因此,设计学习经验的过程,"并不是用一种机械的方法为每一个特定目标制定明确规定的学习经验,相反,它是一种比较富有创造性的过程"。①通过教育目标的明确设定,任务设计能够更有针对性地满足学生的学科需求,促使学生在任务中获得有意义的学习体验。这种理论的应用使任务设计更加注重教育的实际效果,确保每个任务都对学生的学习发展和整体教育目标产生积极影响。

2)建构主义理论

从建构主义的视角来看,任务设计不仅是知识传授,更是学生对知识进行主体性建构的过程。列夫·谢门诺维奇·维果茨基(Lev Semenovich Vygotsky)的社会文化理论强调了合作与互动在学生知识建构中的重要性。他强调社会和文化背景对学习的影响,主张发现式教学法。此类教学模型不仅赋予教师积极的教学作用,而且能通过各式各样的发现途径自然地推动学生心理能力得到开发、发展和提高。②在任务设计中,建构主义的理念指导着我们设计能够激发学生思考、合作与交流的任务。任务成为一个启发学生主动参与、探索和建构知识的平台,而不是让学生被动地接收信息。通过与他人互动,学生能够共同构建知识,分享不同的观点和经验,促进深层次的学习。建构主义的任务设计使学生在实际合作中培养批判性思维和团队协作技能,充分考虑了学生的个体差异,促使知识更有意义地融入他们的学习经验中。

2. 认知心理学的理论基础

认知心理学关注人类思维和学习过程,对任务设计提供了深刻的理论支持。

1)解题理论

解题理论在任务设计中扮演着重要角色,特别是涉及学生解决问题的过程。乔治·波利亚(George Polya)提出的解题理论,强调在解决问题的过程中培养学生的逻辑思维和创造性思维。波利亚认为解题是人类最富有特征的活动,它同

---

① 施良方.泰勒的《课程与教学的基本原理》——兼述美国课程理论的兴起与发展[J].华东师范大学学报(教育科学版),1992(4):1-24.

② 宋金鸿.论维果茨基的社会文化理论及其教学应用[J].通化师范学院学报,2013,34(9):136-139.

游泳、弹钢琴一样,是一种本领。学习这种本领和学习其他本领一样,要先模仿再实践。[①] 根据这一理论,任务设计应该被构思为激发学生主动思考和解决实际问题的机会。问题解决不仅是为了找到答案,更是为了培养学生的逻辑推理和分析问题的能力,以及提出创造性的解决方案。在任务设计中,解题理论指导我们设计具有挑战性的问题,鼓励学生探索解决路径,同时注重他们的思考过程。这种理论的应用促使任务设计更加注重学生的问题解决能力的培养,使学生在实践中不仅能够应对各种挑战,也能够灵活运用逻辑和创造性思维解决现实问题。

2)情境学习理论

情境学习理论由理论家让·拉文(Jean Lave)和伯纳德·韦纳(Bernard Weiner)提出,强调学习应该在真实的社会情境中发生。学习理论的研究首次参照人脑的认知机制构建学习隐喻:"学习是知识的建构,是意义的制定。"这一隐喻的提出开创了真正意义上有关人的学习的研究。[②] 在任务设计中,可以通过创造具有真实背景的情境来贯彻这一理论,从而促使学生更好地参与学习。该理论认为,学习不仅是知识的传递,更是与实际情境的互动和融合。通过将学习置于真实社会情境中,学生能够更深刻地理解知识的实际运用和意义。任务设计成为创设这些情境的桥梁,激发学生在具体场景中进行探究和实践。这一理论的运用使任务设计更加注重学生的实际体验,让他们在情境中获得更为深刻的学习体验,同时培养他们更好地应对现实生活挑战的能力。

3. 教育技术学的理论基础

随着科技的发展,教育技术学对任务设计的理论基础产生了深刻影响。

1)构建主义教育技术理论

构建主义教育技术理论强调技术工具应该成为学习的积极支持和促进者。由赫伯特·西蒙斯(Herbert Simon)提出的这一理论认为,在任务设计中整合教育技术是至关重要的,以创造出更符合学生学习风格和需求的任务。该理论的核心观点认为,学习内容更应该是个性化的,能够根据拥有的学习资源、学习者的学习特征、先前的知识积累,以及对所学知识的理解做出适当的调整,使其更适合某个学习者。[③] 在任务设计中,构建主义教育技术理论指导我们巧妙地融合各种教育技术,以丰富任务的形式和内容。这不仅包括在线资源和多媒体素材的使用,还涉及虚拟实验、模拟环境等创新性技术的应用。通过充分发挥教育技术的潜力,任务设计能够更灵活地满足学生的个性化学习需求,提供更具启发性

① 王双.波利亚的解题理论在高中导数教学中的应用[D].长春:东北师范大学,2016.

② 高文.情境学习与情境认知[J].教育发展研究,2001(8):30-35.

③ 张玮,王楠.学习分析模型比较研究[J].现代教育技术,2015,25(9):19-24.

和互动性的学习体验。

2）多媒体理论

多媒体理论由雷丝·克拉克（Ruth Clark）和理查德·梅耶（Richard E. Mayer）提出，旨在指导在任务设计中如何有效地运用多媒体元素，以提高学生对任务的理解和参与度。该理论强调通过结合文字、图像、音频和视频等多样化媒体形式，创造更为丰富和有趣的学习体验。这一理论认为："人是通过两个独立的通道来对学习材料进行处理和加工的，每一通道在单位时间内能够处理的材料的容量都是有限的，有意义的学习需要在学习过程中投入恰当的认知加工。"[①]在任务设计中，多媒体理论指导我们精心选择和整合各种媒体资源，以支持任务的学科性质和学科目标。通过引入视觉和听觉元素，多媒体不仅能够呈现信息，还能够激发学生的感知和思考，提高他们对任务内容的深度理解。有效的多媒体设计能够提升学生的学习动机，创造更具吸引力的学习环境，促进信息的更好传递。这一理论的应用使任务设计更具交互性和创新性，为学生提供更为丰富和有趣的学习体验。

（二）项目教学任务设计的特点

项目教学是一种比较特殊的教学模式，其任务设计也有独特之处，下面结合一个教学实例来对项目教学的任务设计特点进行分析。

假设一个高职数字创意类专业的项目教学任务，任务为设计一个虚拟偶像角色，并使用生成式人工智能技术生成角色的语音和表情。项目教学任务设计特点解析如表 4-1 所示。

表 4-1　项目教学任务设计特点解析

特点	内　　容	实　　例
实践性	项目教学任务设计注重学生的实践能力培养，任务通常与实际工作场景或项目需求密切相关，学生通过完成任务能够直接应用所学知识和技能	学生需要实际动手设计虚拟偶像角色，运用数字创意技能，同时学习并应用生成式人工智能技术
综合性	项目教学任务设计通常要求学生综合运用各类知识和技能，涉及跨学科的内容。这有助于培养学生全面解决问题的能力	任务涉及角色设计、语音生成、表情生成等多个方面，要求学生综合运用各类技能并考虑角色的整体形象

---

① 王建中,曾娜,郑旭东.理查德·梅耶多媒体学习的理论基础[J].现代远程教育研究,2013(2):15-24.

续表

特点	内　　容	实　　例
开放性	任务设计具有一定的开放性,允许学生有不同的解决途径和创新思考。这有助于培养学生的创造性和独立思考能力	学生可以根据自己的审美和创意,设计出具有个性化特点的虚拟偶像,不同团队可以呈现截然不同的作品
团队合作	项目教学通常倡导团队合作,在任务设计中可以设定需要团队合作完成的场景,培养学生的团队协作和沟通能力	学生可以组成小组,每个小组负责一个虚拟偶像的设计,要求团队成员协作完成整个项目
问题导向	项目教学任务设计是以解决实际问题或完成实际项目为导向的,学生在任务解决过程中能够逐步掌握解决问题的方法和策略	学生需要解决虚拟偶像设计中的问题,例如如何使角色形象更有吸引力、如何运用生成式人工智能技术创造更生动的表现等

综上所述,项目教学中的任务设计是为学生提供一系列具体、可操作的学习任务,旨在促使他们在实际项目中运用所学知识和技能,达到特定的学习目标。任务设计在整个项目教学中扮演着核心角色,涵盖了确定任务的内容和形式,同时涉及任务的难度、时长、评价方式等方面的全面考虑。

因此,任务设计是一个综合性的过程,需要教育者在设计阶段充分思考各个方面的因素,以确保任务既具有挑战性,又符合学习目标,为学生提供丰富而有意义的学习体验。

二、任务设计模型的要素

在项目教学中,任务设计模型需要具有以下要素。

(一)学习目标明确性

学习目标明确性在任务设计中至关重要,它直接关系到学生对任务的理解和对期望学习结果的认知。

1. 学习目标的定义

在任务设计的过程中,学习目标被明确定义为学生在任务中应该掌握的具体知识、技能、概念或能力。这些学习目标的设定至关重要,因为它们构成了任务的核心要素,直接指导学生的学习方向。有效的学习目标应当与课程大纲和整体项目目标相一致,确保任务在整个学习过程中具有针对性和实践意义。学习目标的一致性保证了任务之间的紧密衔接,使学生的努力能够直接作用到整个课程和项目的目标实现上。这意味着任务设计者需要仔细考虑学习目标,确保它们既具体又贴近实际,使学生能够在任务中真实地应用所学的知识和技能。此外,学习目标还应该明确反映项目的核心价值和重要内容,使任务成为整个学习过程中的有机组成部分。

2. 学习目标明确的重要性

（1）指导学生的学习方向。明确学习目标有助于指导学生的学习方向，帮助他们了解任务的核心内容和所期望达到的结果。学生可以更加集中精力、有目的地去完成任务。

（2）提高任务关联性。明确学习目标可以提高任务与实际学习内容的关联性。学生能够清晰地认识到任务与他们所学的知识点、技能和概念之间的直接关系，增强任务的实际意义。

（3）评估学生表现。明确学习目标为教师提供了一个评估学生表现的标准。通过明确的目标，教师可以更准确地评估学生是否达到了预期的学习水平，从而进行有针对性的反馈和指导。

（4）激发学习兴趣。明确学习目标可以激发学生的学习兴趣。当学生知道他们将获得什么，以及如何应用所学的知识时，他们会更有动力地去参与任务，提高学习的积极性。

3. 确保学习目标明确的方法

（1）具体明确。学习目标应该具体而明确，避免抽象或模糊的表达。同时，使用清晰的语言和行动动词，确保每个学生都能理解目标的实际含义。

（2）与实际情境结合。学习目标应与任务的实际情境结合，确保任务设计与学习目标直接相关。这可以通过将学习目标嵌入实际项目中来实现。

（3）与评估方式匹配。学习目标应该与任务的评估方式相匹配，明确说明学生的评估方式，使学生明确需要掌握的内容。

通过确保学习目标的明确性，任务设计能够更好地引导学生，提高学习的有效性，使任务与整个学习过程更为紧密相连。任务设计的首要目标是确保学习目标的明确性。每个任务都应该明确说明学生将从中学到什么，这有助于学生更好地理解任务的重要性和期望的学习结果。

（二）项目实践融合

任务设计必须与实际项目需求相结合，以确保任务与实际应用场景相契合。这样的设计能够提高学生对所学知识的实际运用能力，培养他们在实际工作中解决问题的能力。

1. 任务整合项目实践元素

任务整合项目实践元素的理念强调在任务设计中应该融入真实项目所需的实际技能和知识，使任务更具实践性和职业导向。这要求任务能够反映出职业领域的实际需求，确保学生在完成任务时能够应对真实的挑战。例如，在数字创意类专业的项目任务中,学生可能需要使用行业标准的设计软件,了解市场趋势,同时具备创新思维来解决实际问题。

将项目实践元素融入任务设计,有助于学生在学习过程中建立与实际工作场景更为贴切的联系。这样设计的任务不仅能使学生掌握必要的技能,更培养了他们解决实际问题的能力。任务设计者需要深入了解相关职业领域的要求,确保任务不仅符合学科标准,还能够提供与现实工作环境更贴切的学习体验。

2. 任务贴近实际场景

任务贴近实际场景的设计要将学生融入与实际工作场景相似的情境中。这有助于学生更深刻地理解学习内容的实际应用,培养他们解决实际问题的能力。例如,动漫设计专业的任务设计可以模拟真实的客户需求,学生需要根据客户期望设计角色,并根据反馈进行修改。

通过将学生置身于贴近实际场景的任务情境中,任务设计者能够激发学生的主动参与和学习动机。学生在实际场景中面对的挑战和问题更贴近他们未来在职业中可能遇到的情况。因此,任务的完成不仅需要对理论知识的应用,更是对实际技能和解决问题能力的锻炼。这样的任务设计使学生能够在更为真实、具体的环境中学习,并在实践中逐步提升他们在专业领域的能力。任务贴近实际场景的设计理念有助于缩小理论与实践之间的鸿沟,使学习更贴近实际需求,有助于培养学生更全面的专业素养。

3. 实践中的反思机会

实践中的反思机会在任务设计中应得到充分考虑。这意味着学生在完成任务后应该有机会深入反思自己的表现、遇到的挑战及改进的可能途径。学生可以通过撰写关于项目经验的反思报告来分享他们在项目中所学、所面临的问题及克服这些问题的经验。

为学生提供实践中的反思机会是任务设计的重要组成部分,因为反思有助于巩固学习成果,促使学生更深入地理解所学内容。通过反思,学生能够审视自己的学习过程,发现潜在问题,并提出改进的方法。这不仅是对完成任务的总结,更是培养学生批判性思维和自我管理能力的途径。反思报告的撰写使学生不仅能够在实践中积累经验,还能够将这些经验进行系统的整理、总结,并将其转化为更深层次的学习。这样的设计使学生更具有自主学习和主动思考的能力,为他们未来的职业发展奠定坚实的基础。

4. 团队合作与沟通

团队合作与沟通是项目实践融合的任务设计要素之一。这意味着任务设计应该考虑模拟真实项目中常见的团队协作环境,以培养学生团队合作与沟通的能力。在许多实际项目中,团队协作是取得成功的关键。因此,任务设计应该为学生提供与真实合作环境相似的体验,帮助他们培养团队协作和沟通技能。

学生可能需要与团队成员共同完成项目,合作解决设计难题。这样的任务设计不仅强调了个体在项目中的角色,更注重了整个团队的协同作业。通过与他人合作,学生能够学到有效沟通的重要性,并在共同努力中培养出解决问题、协调合作的技能。

5. 行业导向性

行业导向性是任务设计的重要考虑因素,指的是设计的任务应当贴近特定行业的实际需求。这有助于学生更好地融入特定领域,深刻理解并适应行业标准和实践。在数字创意领域,任务设计可以模拟真实的项目流程,使学生熟悉行业内的工作方式和标准。

确保任务设计具有行业导向性意味着任务要能够反映出特定行业的实际工作情境和需求。这样的设计使学生在完成任务的过程中不仅是学习理论知识,更是在模拟真实工作场景中培养相关行业的实际技能。学生通过参与这样的任务,能够更好地理解特定行业的要求,更容易适应职场挑战。

因此,行业导向性任务设计有助于为学生提供更贴切、实用的学习体验,使他们更好地为未来的职业生涯做好准备。这种设计理念不仅能让学生学到理论知识,而且能帮助他们培养实际运用所学知识的能力,提高他们在特定行业中的竞争力。

(三) 启发性和开放性

任务设计应该具有一定的启发性,能够引发学生的思考欲望,激发他们主动探究的兴趣。同时,任务设计也要具有一定的开放性,给学生提供多样性的解决途径,培养他们的创新能力和独立思考能力。

1. 启发性设计

启发性设计是一种任务设计理念,旨在激发学生的学习兴趣和主动性,通过引导性问题、情境设置或挑战性目标,点燃学生的好奇,激发他们的探索欲望。这样的设计要求任务具有足够的吸引力,以激发学生自发参与,并在探索中获取新的知识和技能。例如,可以要求学生在数字创意领域中自行选择一个主题,提出一个富有挑战性的问题,然后通过独立研究和实践来解决问题。

启发性设计的核心在于通过创造性和引导性的方式,激发学生的主动学习意愿。任务设计者需要巧妙设置问题或目标,使学生在任务中能够经历发现、思考和解决问题的过程。这种设计理念强调学生在任务中的自主性,使其成为学习的积极主体。因此,启发性设计旨在通过任务本身的吸引力,激发学生的主动学习动机,使其在任务中不仅是完成既定目标,更是在探索中培养创新思维和解决问题的能力。这种设计理念激发了学生更强的学习动力和自主性,为他们未来的学业和职业发展打下基础。

2. 开放性设计

开放性设计是一种任务设计理念,它强调任务具有一定的灵活性和开放性,允许学生在解决问题的过程中采用多种可能的策略和解决方案。相较于设定具体的步骤,开放性设计赋予学生更多的自主权和创造空间。例如,动漫设计项目的开放性设计可以是一个主题或情境,学生可以在自由发挥创意的基础上选择角色设计的风格、故事情节等,以展现个性化的创作。在开放性设计中,学生面临的任务不是简单地按照既定步骤完成,而是需要通过自主思考、创意发挥来达成目标。这样的设计理念有助于培养学生的独立思考和问题解决能力。任务的开放性激发了学生的创造性思维,使其在解决问题的过程中能够尝试不同的途径,寻找最适合自己的创新性解决方案。

因此,开放性设计不仅为学生提供了更大的自由度,也鼓励他们在任务中展现个性和创意。这种设计理念促使学生更积极地参与任务,培养他们在开放性环境中发挥创造性和解决问题的能力。

3. 引导性问题的设计

引导性问题的设计在启发性和开放性任务中扮演关键角色。这类问题具有启发性,引导学生深入思考;同时又具备开放性,让学生可以根据个人理解和创意进行回答。例如,在一个数字创意项目中,一个引导性问题可以是"如何运用生成式人工智能技术创作出独特的艺术作品",这个问题既激发了学生对人工智能技术的思考,也为他们提供了广泛的创作方向。

引导性问题的设计是为在任务中引导学生探索特定主题或概念,鼓励学生自由发挥创意,同时在开放性问题的引导下,确保学生的思考和回答在特定范围内与任务目标相一致。引导性问题的精心设计有助于激发学生的兴趣,引导他们深入研究和思考。

因此,引导性问题在任务设计中发挥着重要的作用,既促使学生主动探索,又限定了任务的目标和方向。这种设计理念使学生在任务中能够更有目的地思考和创作,同时兼顾任务的启发性和开放性,为学生提供了更具深度和广度的学习体验。

4. 多样性的解决途径

多样性的解决途径是任务设计的重要原则。任务设计应该鼓励学生采用多样的解决方式。开放性任务的魅力在于学生可以根据自身的兴趣和能力自由地选择不同的方式来完成任务,从而激发他们发挥创造性思维的能力。例如,在数字创意类设计项目中,学生可以选择使用不同的设计工具、技术或风格,以展现多样性的创作结果。

任务设计的灵活性使学生有机会在解决问题的过程中尝试和探索不同的途径。这样的设计理念有助于培养学生的创新意识和实践能力,使他们更加自主地选择适合自己的解决方案。学生通过采用不同的解决途径,能够更全面地理解问题,并在实践中积累丰富的经验。因此,任务设计的多样性解决途径旨在激发学生的多元思维和创造性表达。这种设计理念不仅能够提高学生解决问题的灵活性,还有助于培养其在实际工作中适应性强、创新性强的特质。

5. 创造性的任务目标

设定创造性的任务目标是任务设计的核心要素,旨在鼓励学生在项目中追求独特性和创新性。这种设计理念有助于培养学生的创造力和独立思考能力。例如,要求学生在数字创意项目中运用生成式人工智能技术,创作出具有前瞻性和独特性的作品,以展现其创新精神和能力。创造性的任务目标不仅要求学生完成任务,而且鼓励他们通过任务挑战自己的创作极限。这样的任务目标激发了学生对创新和独特性的追求,推动他们打破传统思维框架,勇于尝试新颖的创意表达方式。

因此,创造性的任务目标是为了在任务设计中注入创新元素,使学生在实践中能够更加富有创意地思考和表达。这种设计理念既促进了学生对任务目标的深入理解,也培养了他们在面对挑战时勇于创新、独立思考的品质。创造性的任务目标使学生更有动力地参与到项目中,为其全面发展提供了有力支持。

(四)学生差异性

学生在能力、兴趣、学科背景等方面存在差异。任务设计需要考虑到这些差异,以便为不同类型的学生提供相应的支持和挑战,确保任务的普适性。学生差异性考虑包括了解学生的学习风格、兴趣、能力水平和背景等,以便为他们提供个性化、差异化的学习体验。

1. 学习风格的个性化设计

学习风格的个性化设计是任务设计的重要考虑因素。每个学生都具有独特的学习风格,如视觉型、听觉型、动手型等。任务设计应该综合考虑这些差异,提供多样性的学习材料和活动,以满足不同学生的学习需求。在项目教学中,可以通过提供文字资料、图像资料和视频教程等方式,满足不同学生对信息获取的不同偏好。

学习风格的个性化设计旨在创造更包容和灵活的学习环境,使每位学生都能够在适合自己学习风格的情境中充分发挥潜能。通过多元化的学习材料和活动,任务设计者能够更好地满足学生的多样化需求,使他们更容易理解和应用所学知识。

因此,学习风格的个性化设计是为提高教学的适应性,让每位学生都能够在任务中找到最适合自己的学习方式。这种设计理念不仅有助于提高学生的学习效果,还为他们提供了更加个性化和愉悦的学习体验。

2. 兴趣导向的任务选择

兴趣导向的任务选择是任务设计中的一项关键策略。任务设计应当与学生的兴趣紧密相连,以激发他们的学习热情。通过了解学生的兴趣爱好,将项目任务与他们感兴趣的领域结合起来,有助于提高学习的积极性,使学习过程更加有趣,并增强学习动力。当学生对所学内容产生浓厚兴趣时,他们更愿意投入时间和精力,从而更容易取得学习成果。这种兴趣导向的设计理念不仅激发了学生的好奇心,还使学习变得更有深度和实际意义。

因此,兴趣导向的任务选择旨在创造与学生兴趣契合的学习环境,使学习过程更加个性化和愉悦。这种设计理念不仅提高了学生对学习的投入度,还为他们提供了更具吸引力和实际价值的学习体验。

3. 能力水平的差异化支持

能力水平的差异化支持是任务设计的重要考虑因素。为满足不同层次学生的需求,任务设计应该提供不同难度和深度的选择。这有助于避免学生感到过于轻松或过于困难,同时保持学习的挑战性。例如,在一个数字创意项目中,可以设定基础任务和拓展任务,让学生根据自身能力选择适合的难度。差异化支持意味着任务设计者要充分考虑学生的个体差异,为他们提供更具挑战性和个性化的学习体验。对于高水平学生,拓展任务能够激发他们进一步思考和发挥创意;而对于其他学生,基础任务则提供了更加基础的学习路径,帮助他们逐步提升能力。

因此,能力水平的差异化支持有助于确保每位学生在任务中都能找到适合自己水平的挑战,从而促进个体学习的全面发展。这种设计理念既保障了任务的适应性,又在差异化的支持下创造了更加丰富和个性化的学习体验。

4. 综合考虑背景和经验

综合考虑背景和经验是任务设计的关键因素。学生的背景和经验对学习有深远影响。在任务设计中,应该全面考虑学生的背景差异,确保任务能够与他们的实际经验结合,提高学习的实用性。综合考虑学生的背景和经验有助于创造更具个性化和实际意义的学习体验。任务设计者可以根据学生的先前知识和技能水平,调整任务的难度和要求,使学生更容易理解和应用新的知识。这种关注学生个体差异的设计理念使任务更贴近学生的实际需求,激发他们更深层次的学习兴趣。

因此,综合考虑背景和经验在任务设计中具有重要意义,不仅使学习更贴近学生的实际生活,也为个体学习提供了更为个性化和有针对性的支持。这种设计理念有助于提高学生的学习效果,促使他们更加深入地理解和运用所学的知识。

5. 个性化的反馈和支持

提供个性化的反馈和支持,是根据学生的表现调整任务或提供额外的资源,以帮助他们更好地完成任务。这可以通过定期的个别辅导或小组讨论来实现,为学生提供个性化的指导,解决他们在项目中遇到的问题。

个性化的反馈和支持旨在满足学生个体差异,确保每位学生在学习过程中都能够得到有针对性的帮助。通过及时的反馈,学生可以更清晰地了解自己的优势和改进空间,从而更有针对性地调整学习策略。个性化的支持还包括为学生提供额外的学习资源或材料,以满足他们在任务中不同的需求。

因此,个性化的反馈和支持在任务设计中扮演着关键的角色,不仅提高了学生的学习效果,还培养了他们的自主学习能力。这种关注学生个体需求的设计理念为学生提供了更有针对性和深度的学习体验,促使他们更加全面地发展自己的学习和实践能力。

通过充分考虑学生的学习差异性,任务设计可以更好地满足每个学生的需求,提高整体学习效果,促进学生在项目中的全面发展。

(五) 任务难度的适度性

在项目教学中,任务难度的适度性是确保学生既能够面对挑战、又能够获得成功体验的重要因素。适度的任务难度有助于激发学生的学习兴趣,提高学习动力,并促使他们在完成任务过程中发展必要的技能和知识。任务的难度需要适中,既能激发学生的兴趣,又不至于过于困难,确保学生在完成任务中能够体验到成就感。

1. 挑战性与可行性的平衡

在任务设计中,需要谨慎平衡任务的挑战性和可行性。任务过于简单可能导致学生失去兴趣,而任务过于困难则可能让学生感到沮丧。适度的难度能够保持学生的好奇心和投入感,激发他们的学习兴趣。例如,在数字创意设计项目中,设定一个挑战性的任务,要求学生运用生成式人工智能技术创作独特的作品,这既能激发学生的创造力,又能保持任务的可行性。

挑战性与可行性的平衡是任务设计的艺术,旨在创造一个既具有挑战性又符合学生实际水平的学习环境。通过设定恰到好处的任务难度,任务设计者可以激发学生的积极性,让他们更加专注于任务的完成。这种平衡的设计理念既保证了学生的学习兴趣,又确保了任务的可行性,使学生在挑战中不断提升自己的能力。

因此,挑战性与可行性的平衡在任务设计中具有关键性的意义,为学生提供了既有挑战性又可操作的学习体验。这种设计理念不仅保障了任务的有效实施,也培养学生在充满挑战的学习环境中的坚韧品质和探索精神。

2. 学生能力的考虑

学生能力的考虑是任务设计中至关重要的一环。任务设计应该全面考虑学生的整体能力水平,确保任务难度适中,并与学生的学科知识和技能水平相匹配,以确保他们在完成任务时能够充分发挥自己的潜力。例如,在一个数字创意类项目中,可以根据学生的绘画水平设定任务,既能让初学者有所突破,又能给有经验的学生提供更高层次的挑战。

考虑学生能力的设计理念有助于实现个性化任务设计,使每位学生都能在适合自己水平的学习环境中获得成功体验。对初学者而言,任务可以设置具体目标,帮助他们逐步提升技能;对有经验的学生,则可以提供更开放、有创新性的任务,促使他们进一步挖掘潜力。这种差异性的设计既照顾到了各个层次学生的需求,又保证了整体任务的有效性。

3. 任务阶段性的设定

任务阶段性的设定是一种有效的任务设计策略。将任务分解成阶段性的子任务,每个阶段的难度适中,有助于学生逐步提升技能并增强自信心。这样的设计可以保证任务的适度性,使学生在不同阶段都能够达成任务目标。在项目中,可以逐步引导学生完成一系列子任务,从简单到复杂,确保他们在每个阶段都能够成功地解决问题。

任务阶段性的设定为学生提供了清晰的学习路径,让他们能够逐步理解和完成任务的要求。每个阶段的子任务都设计得具有一定挑战性,但又不至于过于困难,使学生能够在成功中建立信心。这种逐步引导的设计理念有助于培养学生的自主学习能力,让他们在完成整个项目过程中能够更从容地面对各个阶段的任务。

因此,任务阶段性的设定在任务设计中扮演着重要的角色,为学生提供了更为可控和可操作的学习体验。这种设计理念既保证了任务的完成,又促使学生在每个阶段都能够获得成就感,为整个项目的成功实施奠定了坚实的基础。

4. 任务的开放性

任务的开放性设计是一种有利于激发学生创造力的策略。开放性任务设计可以根据学生的兴趣和能力进行调整,适度的开放性使学生能够在一定框架内发挥创造力,同时保持任务的可管理性。在设计项目时,要求学生选择自己感兴趣的主题,既能满足个性化需求,又能保持任务的适度性。

开放性任务设计强调学生在任务中具有主动性和选择权,能够根据自己的兴趣和独特视角来完成任务。这样的设计理念有助于激发学生的学习动力,提高他们的参与度。在项目中,学生可以根据个人喜好选择感兴趣的主题,这种个性化的设计使学生能够更加投入任务中,更有可能取得更好的学习成果。

因此,任务的开放性设计在任务设计中具有积极的影响,为学生提供了更为自由和富有创意的学习体验。这种设计理念不仅促使学生更主动地参与到任务中,还培养了他们的独立思考和解决问题的能力,从而更好地实现任务设计的教育目标。

(六)技术工具的巧妙应用

如果任务涉及生成式人工智能等技术,设计者需要巧妙地将这些技术融入任务,使学生能够灵活地掌握和运用这些技术,这对培养学生的创新能力、帮助他们解决实际问题至关重要。

1. 选择适当的生成式人工智能工具

在任务设计中,选择适当的生成式人工智能工具是确保项目成功的关键一步。任务设计时需根据项目需求选择适当的生成式人工智能工具。不同的工具有不同的应用领域和功能,因此要确保选用的工具能够有效支持项目目标。例如,在数字创意设计项目中,选择使用生成式人工智能图像生成工具,如 Stable Diffusion 等,以拓展学生设计的创新可能性。

选择适当的工具有助于提高任务的效率和质量。生成式人工智能工具在数字创意领域具有强大的创造性和生成能力,能够为学生提供更多可能性,促使他们在设计过程中创作出更具创新性的作品。因此,在任务设计中要根据项目的具体要求和学生的学科背景,选择适合的生成式人工智能工具,以最大限度地发挥其优势,达到项目的预期目标。

2. 掌握生成式人工智能基础知识

在任务开始前,掌握生成式人工智能基础知识是确保学生成功完成任务的重要前提。在任务设计中,应向学生提供必要的生成式人工智能基础知识培训,以确保他们具备理解和应用生成式人工智能的能力。这包括理解生成式人工智能的基本原理、工具的使用方法及潜在的应用领域。

为学生提供有关生成式人工智能在数据处理和模型训练中的基础知识培训,是任务设计的关键步骤。通过系统的培训,学生可以更好地理解生成式人工智能的工作机制、应用范围和潜在挑战,从而更加熟练地运用相关工具进行项目实践。这种培训不仅有助于学生掌握必要的技能,还为他们在实际任务中应对复杂情境提供了坚实的理论基础。

3. 整合生成式人工智能与学科知识

确保生成式人工智能工具的应用与学科知识相融合，是任务设计中至关重要的一环，旨在使学生在实际项目中更好地理解和应用专业知识。通过整合生成式人工智能与学科知识，任务设计可以促进学生的跨学科思维，使他们能够更全面地应对实际问题。

例如，在数字娱乐产品市场营销策略项目中，学生可以利用生成式人工智能工具分析大量消费者数据，从而更深入地理解市场趋势。这种整合不仅能让学生运用生成式人工智能的技术手段，还能帮助他们将所学的学科知识与实际场景相连接，提升他们解决问题的能力。因此，任务设计中的整合生成式人工智能与学科知识有助于培养学生的综合素养，使其能够在跨学科的环境中更加灵活地运用专业知识和技能。这种融合不仅推动了任务的深度和广度，也为学生提供了更具实际应用性的学习体验。

4. 提供生成式人工智能技术支持

提供生成式人工智能技术支持是任务设计中的一项关键考虑，旨在确保学生在使用生成式人工智能工具时能够获得必要的技术支持。为应对学生在实际操作中可能遇到的问题，可以设立专门的技术支持渠道，以提供及时、有效的帮助。在这一支持体系中，实时的在线技术支持起着重要作用，可以帮助学生解决模型训练和调整参数等技术难题。通过设立专业的技术支持团队，学生可以获得针对性的指导，从而更加顺利地在实际项目中应用生成式人工智能技术。

因此，提供生成式人工智能技术支持不仅有助于学生在实际操作中解决可能遇到的困难，还能够提高他们的技术熟练程度，确保任务的顺利完成。这种专业支持的设立为学生提供了安全、可靠的学习环境，进一步加强了他们在生成式人工智能领域的实际操作能力。

5. 实践操作与反馈

实践操作与反馈是任务设计中关键的元素，尤其在生成式人工智能工具的应用中。任务设计时的重点应当是在真实的项目场景中设置实际的操作环境，让学生能够在实践中运用生成式人工智能工具，并及时获取相关的反馈。例如，在数字声音设计项目中，学生可以通过使用生成式人工智能工具构建自定义语音模型，然后通过实际语音数据进行验证。

通过实践操作，学生能够深入了解生成式人工智能工具的使用方法，并在实际项目中应用所学知识。在这个过程中，及时的反馈对学生的学习至关重要，可以帮助他们纠正错误、改进方法，并不断提升实际操作的技能水平。因此，实践操作与反馈相互交融，构成了一个循环往复的学习过程。这种任务设计方式不仅使学生能够在实际场景中应用生成式人工智能工具,还为他们提供了持续改进的机会,促使其更好地理解和掌握相关技能。

通过以上的巧妙应用生成式人工智能工具,项目教学可以更好地激发学生的学习兴趣,提升学生的实际操作能力,并培养他们在未来职业领域中灵活应对技术挑战的能力。

这些要素相互交织,共同构成了一个有机的任务设计体系。一个好的任务设计体系应该充分考虑这些要素,使学生在任务中得以全面发展,同时实现教学目标。

三、人机协同式任务是生成式人工智能时代项目教学的典型任务形态

(一)什么是人机协同式任务

人机协同式任务是一种基于人与人工智能系统之间紧密协作的任务形式。在这种任务中,人与人工智能系统共同参与任务的设计、执行和完成过程,通过各自的优势互补,实现更高效、创新性和智能化的任务执行。这种任务设计模式将人类的智能与机器的计算能力相结合,以实现更复杂、更有挑战性的任务目标。

1. 特点与要素

(1)相互协作。人机协同式任务要求人与人工智能系统之间具有高度的相互协作性。在任务的制定和执行过程中,双方需要紧密配合,充分发挥各自的优势,高效地完成任务。

(2)智能决策。人机协同式任务中,人工智能系统不仅是执行者,还可以参与任务决策的过程。它能够通过分析大量数据、运用先进的算法,为任务的决策提供智能支持,提高任务的质量和效率。

(3)实时反馈。在任务执行过程中,人机协同式设计注重实时反馈机制。通过系统对人类行为的实时分析,可以及时发现问题、调整策略,使任务执行更加灵活、适应性更强。

(4)学习与进化。人机协同式任务设计考虑系统的学习能力。人工智能系统通过不断学习和适应,提高自身的智能水平,使协同完成的任务在时间推移中越来越具备创新性和适应性。

2. 应用领域

(1)科学研究。在科学研究领域,人机协同可用于数据分析、模型建立等任务,提高研究效率。

（2）医疗诊断。在医疗诊断领域，人机协同可协助医生进行诊断，通过智能系统的辅助，提高诊断的准确性。

（3）工业制造。在工业制造领域，人机协同可用于自动化生产线的管理和优化，提高生产效率和质量。

（4）教育培训。在教育培训领域，人机协同可用于个性化教学，根据学生的学习情况提供个性化的学习支持。

（5）智能交互。在智能交互领域，人机协同可用于开发更智能、更贴近用户需求的智能交互系统。

人机协同式任务的崛起标志着人工智能技术在辅助人类完成复杂任务方面取得了显著突破。这一趋势为提高工作效率、解决实际问题提供了创新的途径。通过结合人类的智慧和机器学习的强大计算能力，人机协同工作不仅提升了任务执行的速度和准确性，还拓展了解决方案的广度和深度。在这一新兴领域中，人机协同不仅是简单的工具使用，更是一种智能化的合作方式。通过充分发挥人机协同的优势，我们能够更高效地利用人类创造力和机器计算力，共同应对社会、科技和工业等多领域的挑战。这一趋势的发展为未来的工作方式和问题解决提供了全新的范式，为创造更智能、高效的工作环境奠定了基础。

（二）人机协同式任务与基于生成式人工智能技术的项目教学的适配性

在生成式人工智能时代，项目教学评价需要适应新的学习模式和技术发展。而人机协同式任务成为项目教学的典型形态，体现了学习者与人工智能技术共同参与项目任务的新范式。为构建符合生成式人工智能时代需求的项目教学评价体系，任务设计是关键环节，特别是需要从符合生成式人工智能特色的教学任务设计入手。由于人机协同是生成式人工智能技术的核心之一，因此展开人机协同式的项目任务设计模型的研究，是促进教学评价体系的本质性升级的重要推手。

1. 新时代的任务设计理念

在生成式人工智能时代，任务设计不再是单一的知识传授，而是更加强调学习者与人工智能系统之间的深度互动。任务设计理念需要贴近实际职业需求，注重培养学生的创新能力、问题解决能力，以及与人工智能技术协同工作的能力。

2. 人机协同的核心价值

人机协同式任务设计模型将人与人工智能系统有机结合，突出协同工作的核心价值。人机协同式任务旨在通过人机协同，使学习者能够更深入地理解和应用人工智能技术,同时提高学生的团队协作和沟通能力。

3. 任务设计模型构建要素

(1)明确学习目标与人工智能技术应用。任务设计首先需要明确学习目标,然后确定人工智能技术在任务中的应用,确保技术与学科知识的融合。

(2)任务的层次结构设计。基于生成式人工智能技术的任务设计应考虑层次结构,从简单到复杂、从表面到深层,逐步引导学生提升技能水平。

(3)实时反馈机制的建立。引入实时反馈机制,通过人工智能技术分析学习者的表现,提供个性化的建议和指导,促进学习者的即时调整和进步。

4. 任务设计模型的实际应用

(1)行业案例融入。任务设计模型应结合实际行业案例,使学生在任务中能够模拟真实的职业环境,更好地理解和应用人工智能技术。

(2)跨学科融合。任务设计模型要鼓励跨学科的融合,促使学生在任务中涵盖多个学科领域,培养综合能力。

5. 教学评价体系的升级

教学评价体系借助人机协同式任务设计模型实现升级,标志着评价方法从传统的知识检测逐渐转变为更注重能力培养、创新力发展,以及与人工智能协同工作的实际能力评估。这一升级反映了对学生综合素养的更全面关注,强调了在现代社会中所需的复杂技能和能力。新的评价体系将侧重于学生在协同式任务中展现的实际技能和解决问题的能力,不再仅限于传统的笔试和纸质测试,而是更加注重学生在实际工作场景中的综合表现。通过人机协同,评价体系能够更准确地反映学生在团队合作、创新性思维及与人工智能技术的互动中所取得的成就。

这种升级有助于培养学生更具实际操作能力、适应未来职场需求的特质。通过更贴近实际工作情境的评价方式,教育体系能够更好地满足社会对人才的需求,更全面地培养学生,使他们成为具备创新能力的人才。

在生成式人工智能时代,构建符合时代特色的项目教学评价体系需要深入思考任务设计,特别是人机协同式任务设计,以确保学生在项目中能够全面发展,更好地适应未来职业发展的需求。此外,在任务设计层面还需要考虑生成式人工智能的使用时机与比例,以及将机器训练、关键词提取与优化、成果修改等人机交互活动进行量化,并计入项目任务工作量评价中。

第二节　任务设计模型构建与关键点

一、基于生成式人工智能技术的项目任务设计模型框架

在生成式人工智能时代,项目教学的任务设计模型需要充分考虑学生、任务

和生成式人工智能这三个要素之间的相互联系、融合和交织。这样的人机协同任务设计模型应当在保持教育目标的同时,发挥生成式人工智能技术的优势,促进学生在数字创意类专业中全面发展。同时,三个要素相互交织,形成四个关键维度:生成式人工智能任务、学生自主任务、人机交互任务和人机协同任务。项目任务的构成包括学习目标、既定任务和学习活动三项核心内容,教师需要根据三项核心内容合理设计教学任务,如图 4-1 所示。

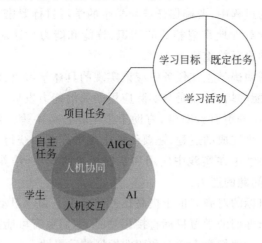

图 4-1　人机协同式项目任务设计模型

(一)设计模型三要素

在设计生成式人工智能时代的项目任务时,需要充分考虑学生、任务和生成式人工智能这三个要素之间的相互关系。这样的设计模型旨在促进三者之间的协同作用,实现更有效的学习与创作。

1. 学生要素

1)个体差异性

在任务设计的过程中,对学生的个体差异性进行全面考虑至关重要。这包括深入了解学生的学科基础、技术水平、兴趣爱好等多方面因素,以确保任务的设计既具有一定的挑战性,又能够满足每位学生的独特学习需求。同时,任务设计应该根据学生在特定学科领域的知识水平设定合适的难度和深度。这有助于确保任务对学生来说具有一定的挑战性,又不过于困难。

了解学生的技术水平是确保任务适应性的关键。在任务设计中,应考虑学生的技术熟练程度,以确保任务既能够提供新的学习机会,又不至于让学生感到无法应对。对学生的兴趣爱好的了解有助于使任务更具吸引力。通过将任务与学生感兴趣的领域结合起来,可以提高学生对任务的投入和积极性,从而更好地实现学习目标。

因此,充分考虑学生的个体差异性,是设计任务时需要综合考虑的重要因素。这样的任务设计能够更好地满足学生的需求,激发他们的学习热情,促使他们在项目中取得更好的学习成果。

2) 学习目标对齐

在任务设计的过程中,要确保任务与学生的学习目标紧密对齐,以确保学生在任务中能够有针对性地掌握相关的知识、技能和能力。这对于提高任务的吸引力和激发学习动机至关重要。

任务的设计需明确学生在任务中应该实现的具体学习目标。这可能涉及特定的学科知识、技能的培养,或是与实际应用相关的能力发展。通过清晰地定义学习目标,可以使任务更有针对性,有助于学生在任务中聚焦特定的学习方向。确保任务不仅是一个完成的过程,还要使学生能够在其中获得实际学习的机会。任务的设计要促使学生在实践中应用和掌握相关的知识,培养他们的实际操作技能,并提升解决问题的能力。

任务与学习目标的对齐有助于提高任务的吸引力和学习动机。当学生能够清晰地看到任务与他们的学习目标直接相关时,他们更有可能投入任务中,因为他们能够理解任务对他们个人学习和职业发展的重要性。

3) 自主性与参与度

在任务设计中,强调培养学生的自主性是至关重要的。这包括给予学生足够的自主权和创造空间,以便他们在任务中能够展现个性和创造性。通过提高自主性,学生更有可能在任务中发挥创新思维,从而在实际项目中创造独特的成果。

允许学生在任务中发挥创造性的关键在于提高灵活性和开放性。任务设计应该设定一定的框架,同时给予学生足够的自由度,让他们能够根据自己的理解和创意进行探索。这种自主性的设计鼓励学生从不同的角度思考问题,寻找创新的解决途径。同时,通过任务设计激发学生的参与度也是至关重要的。任务应该具有足够的吸引力,让学生愿意真正投入其中。这可以通过设定具有挑战性和实际意义的任务目标、引导性问题或有趣的项目情境来实现。激发学生的参与度有助于提高他们对任务的投入程度,从而更好地实现学习目标。

培养学生的自主性和激发他们的参与度是任务设计中的双重目标。这种设计理念有助于激发学生的学习动机,促使他们在任务中真正发挥个性和创造力,从而更好地实现任务的学习效果。

2. 任务要素

1）智能任务设计

利用生成式人工智能技术的特点,设计智能性任务是一种创新的方法,旨在提升学生对技术应用和项目实际需求的理解。这种任务设计通过结合人工智能系统的互动,为学生创造了更具智能性和实践性的学习体验。

智能任务设计的关键在于充分利用生成式人工智能技术的特色。任务可以设定为与人工智能系统的互动,让学生在实践中探索并应用这一技术。例如,学生可以与生成式人工智能工具进行交互,了解其基本原理、操作方法,并将其运用到具体项目中。

通过这样的任务设计,学生不再是被动地接触知识,而是通过与智能系统的实际互动,深化对技术应用和项目需求的理解。这种互动性的设计有助于激发学生的学习兴趣,提高他们在实践中运用人工智能技术的能力。

2）任务明确性

任务的明确性是确保学生能够理解和准确执行任务的关键。任务目标、内容和要求必须清晰明了,以确保学生对任务有明确的认知并明确努力的方向。这种明确性不仅有助于学生理解任务的核心要点,还使其更容易掌握任务的关键技能。

3）逐步推进任务

逐步推进任务是一种有效的教学策略。通过逐步引导学生完成任务的不同阶段,任务设计者可以促使学生逐步提高技能水平。每个任务阶段都应设定适度的挑战,以保持学生的好奇心和投入感。这种逐步推进的设计方式有助于学生建立自信心,同时培养他们逐渐提高技能。

总体而言,任务目标、内容和要求的明确性,以及逐步推进的任务设计方式共同促使学生更好地理解任务,准确执行任务,并在逐步提高技能的过程中实现全面的学习发展。

3. 生成式人工智能要素

1）技术整合

在任务设计中,充分考虑生成式人工智能技术的类型和应用场景是确保技术应用更为有效的关键。这意味着任务设计者需要深入了解不同类型的生成式人工智能技术,包括但不限于图像生成、自然语言处理和音频合成等。通过深刻理解技术的不同特点,任务设计者可以巧妙地将生成式人工智能技术融入任务设计中,以更好地满足项目的需求。

在整合生成式人工智能技术时,任务设计者还应考虑技术的应用场景。不同的应用场景需要不同类型的技术支持。因此,在任务设计中,选择合适的生成式人工智能技术是至关重要的。例如,在数字创意领域,可以利用图像生成技术来创作艺术品,或者运用自然语言处理技术生成创意性文本。

充分考虑生成式人工智能技术的类型和应用场景有助于提升任务的创新性和实用性,使学生在项目中能够更好地运用先进的技术工具。

2) 技术导向

通过在任务中突出生成式人工智能技术的导向作用,可以引导学生更好地理解和应用相关技术,培养其对技术的理解和运用能力。这意味着任务设计者需要有意识地将生成式人工智能技术融入任务中,并强调其在项目中的关键作用。

任务中的技术导向性可以通过设定具体的技术目标、要求学生运用生成式人工智能技术解决实际问题来体现。例如,在数字媒体声音设计课程中,可能会要求学生设计一个基于生成式人工智能技术的音乐合成项目。在任务设计中,技术导向性可以体现为设定具体的技术目标。例如,要求学生利用生成式人工智能技术创做出符合特定风格的音乐作品。通过这样的任务设置,学生被引导着将课堂学习的理论知识和技术技能应用到实际创作中,进一步加深对生成式人工智能技术的理解和应用能力。

通过强调生成式人工智能技术的导向作用,学生将更加积极地投入技术的学习和实践中。任务设计者可以提供相关的学习资源、案例分析及技术支持,帮助学生更好地理解并灵活运用生成式人工智能技术,从而培养其对技术的深刻理解和创新能力。这种导向作用有助于将技术融入学生的学习和实际能力培养中,推动其在项目中取得更加显著的成果。

3) 反馈与调整

通过利用生成式人工智能技术提供学生学习过程的反馈,使学生能够及时了解自己的学习状态,从而更有效地调整和优化学习策略。这种反馈机制可以通过生成式人工智能系统分析学生的学习行为、理解其强项和薄弱点,然后针对性地提供个性化的建议和评估。

在任务设计中,可以通过嵌入生成式人工智能技术的评估工具,对学生的学习过程进行实时监测和分析。例如,在数字交互设计类项目中,生成式人工智能系统可以分析学生在编程任务中的代码质量、解题思路,甚至通过自然语言处理技术理解学生的学习笔记和问题反馈。这样的反馈信息不仅可以用于评估学生的学习表现,还可以指导学生在学习过程中进行更有针对性的改进。

通过生成式人工智能的及时反馈,学生可以更全面地了解自己的学习水平和学习风格。任务设计者应确保反馈信息明确清晰,同时提供具体的改进建议,帮助学生在学习能力和实际能力方面不断进步。这种个性化的反馈机制有助于激发学生的学习动力,提高其学习效果和成就感。

（二）三个要素相互关系的优化

在生成式人工智能时代的项目任务设计中，充分优化学生、任务和生成式人工智能三个要素之间的相互关系至关重要，这需要在设计模型中实现三者的协同、融合与交互，实现更有效的学习和创作效果。

1. 学生与任务的协同

（1）个性化匹配。通过深入了解学生的个体差异、学科背景和学习需求，可以实现个性化匹配，确保任务设计与学生的特点相吻合，从而激发任务的吸引力和学习动机。这种个性化匹配考虑学生的学科基础、技术水平和兴趣爱好等方面，使任务更贴近学生的实际情况，增强其学习兴趣。

（2）参与度提升。在任务设计中，为提升学生的参与度，可以考虑增加任务的挑战性，使其具有一定的难度，从而激发学生的兴趣和主动性。这样的任务设计不仅能够提高学生的学习动机，还能够促使他们在任务中充分发挥个体潜力，并在解决问题的过程中体验到成就感，从而更加投入学习过程。

任务设计通过个性化匹配和增加任务挑战性，可以提高学生的参与度，使其在项目中积极投入，更好地发挥个体潜力。这种设计理念有助于创造适应性强、灵活性大的学习环境，更好地满足不同学生的学习需求，提高整体学习效果。

2. 学生与生成式人工智能的协同

（1）智能导向。智能导向在任务设计中强调生成式人工智能技术对学生学习的引导作用。在任务中融入智能导向的设计理念，可以帮助学生更深入地理解生成式人工智能技术的原理和应用，为他们在实际项目中应用生成式人工智能技术打下坚实的基础。

（2）技术互动。技术互动作为任务设计的重要元素，通过引入生成式人工智能技术，让学生与技术系统进行互动。这种互动不仅能够提供实时的反馈，帮助学生及时了解自己的学习状态，还能够使学生更好地掌握技术的应用。同时，通过与技术系统的互动，学生可以在实践中更深入地了解生成式人工智能技术的工作原理，加强对技术的理解，并提高实际操作的熟练度。

智能导向和技术互动的任务设计理念使学生在任务中能够深入学习生成式人工智能技术，通过实际互动获得反馈，提高对技术的理解和运用水平。这样的设计有助于培养学生对新兴技术的兴趣和熟练运用，提高他们在相关领域的实际能力。

3. 任务与生成式人工智能的协同

（1）智能任务设计。智能任务设计是一种结合生成式人工智能技术特点的创新方法，旨在设计具有智能性的任务，使学生通过与人工智能系统的互动更好地理解技术的应用和项目的实际需求。这一设计理念注重任务的智能化,通过整合人工智能技术,使任务具备更高层次的智能导向,从而提升学生在项目中的实际学习效果。

(2)技术整合。在智能任务设计中,技术整合是关键因素之一。这包括深入了解不同技术工具的特点,选择适合项目需求的生成式人工智能技术,并将其融入任务设计,以提高任务的实际效益。技术整合的任务设计方法有助于确保生成式人工智能技术在项目中得到充分应用,为学生提供更有挑战性和实际意义的学习体验。

4. 学生、任务和生成式人工智能的综合协同

(1)协同效应。协同效应在智能任务设计中发挥着重要作用,通过学生、任务和生成式人工智能的综合协同,促使学生在任务中更好地理解和运用生成式人工智能技术。这种综合协同不仅有助于学生更深入地了解技术的应用,还使生成式人工智能系统更好地满足学生的需求,实现一种互利共赢的局面。

(2)互动机制。互动机制是协同效应的关键组成部分,其目标是建立学生与生成式人工智能之间的有效互动。通过设立智能的互动机制,学生能够主动参与技术操作,与生成式人工智能系统进行交互。这种互动机制有助于提高学生的学习参与度,使其在技术操作中能够更好地体验生成式人工智能系统的功能和智能反馈。通过智能的互动机制,学生可以更灵活地探索生成式人工智能技术,系统也能够更精准地满足学生个性化的学习需求,提供更为个性化的学习支持。

协同效应和互动机制共同构成了智能任务设计的关键要素,通过学生与生成式人工智能系统之间的有机协同,实现了更深层次的学习体验和技术运用。这种协同与互动机制的结合为学生提供了更为丰富、灵活和个性化的学习环境,进一步推动了智能任务设计的创新和发展。

通过上述协同与优化,学生、任务和生成式人工智能之间的相互关系将更为紧密,有助于形成更有活力、更具创新性的学习环境,推动生成式人工智能时代的项目教学取得更为显著的成果。

(三)任务模型四个维度

人机协同任务设计模型的三个要素相互交织并融合,形成了四个关键维度的项目任务,包括生成式人工智能任务、学生自主任务、人机交互任务和人机协同任务。

1. 生成式人工智能任务维度

生成式人工智能与任务两个要素的交织产生了生成式人工智能任务维度,

在这个维度中,项目任务的设计要充分利用生成式人工智能技术的特点,突出任务的智能性和创新性。这包括以下三个方面。

(1)任务智能化。任务智能化是教育中一个重要的趋势,教师应充分利用生成式人工智能技术设计任务。这可以包括通过智能算法生成艺术作品,推动数字产品的创新设计等。通过将生成式人工智能技术融入任务设计,教师能够提供更富有创意和前瞻性的学习体验,激发学生的兴趣和主动性。

(2)技术整合。技术整合在任务设计中扮演着关键的角色。教师可以将不同的生成式人工智能工具整合到任务中,以提升任务的技术水平。例如,结合图像生成模型设计视觉创意任务,可以为学生提供更多技术挑战和实践机会。这种技术整合有助于学生更全面地了解和运用生成式人工智能技术。

(3)任务创新性。任务创新性是任务设计中的一个关键方面。强调任务的创新性可以激发学生使用生成式人工智能技术进行独特、前沿的项目创作。这有助于培养学生的创新思维,使其在学习过程中更加富有创造力。通过有挑战性的任务,学生将能够不断拓展自己的技能和知识面,更好地适应未来的技术发展。

2. 学生自主任务维度

学生与任务两个要素相互交织产生了学生自主任务维度,这一维度强调学生在项目中的自主性和主动性,注重培养学生的创造力和独立解决问题的能力。

(1)项目选择。学生在任务设计中能够参与制定和选择项目,这意味着他们有机会根据个体兴趣、专业方向和职业规划,自主选择适合自己的项目。这种参与性的项目选择过程使学生能够更深入地了解自己的兴趣领域,提高对项目的投入度和责任感,从而提高学习的针对性和实用性。

(2)自主学习。任务设计应强调学生在任务执行过程中的自主学习。这包括为学生提供必要的资源,如学习材料、参考书籍和在线资料,以及指导学习方法,如学习计划和研究技巧。通过培养学生主动获取知识的能力,任务设计能够激发学生的学习兴趣,使其在实践中更好地掌握相关技能。

(3)反思能力。任务设计中的反思环节是为促使学生在项目过程中进行深度思考,这包括总结经验、发现问题并提出改进方案。培养反思能力有助于学生更全面地理解学习过程,提高问题解决能力和创新思维。通过反思,学生能够不断优化自己的学习方法和项目执行策略,从而不断提升自身的学习效果。

3. 人机交互任务维度

学生与生成式人工智能两个要素相互交织产生的是人机交互任务维度,这个维度关注学生与生成式人工智能技术的互动,以及如何使这种互动更加有益于学习。

（1）用户友好性。生成式人工智能工具在任务中的应用应具备良好的用户友好性，确保学生能够轻松理解和使用这些工具。友好的界面设计、清晰的操作步骤及直观的功能布局都是提高工具易用性的关键因素。这样的设计有助于学生更快地掌握生成式人工智能技术，降低学习曲线，提高任务执行的效率。

（2）技术指导。在项目中，教师担任技术指导者的角色，负责引导学生正确使用生成式人工智能技术并解决可能出现的技术问题。这包括提供技术培训、解答学生关于工具操作和参数调整的疑问，以确保学生能够充分发挥生成式人工智能技术的潜力。通过教师的技术指导，学生能够更加自信地应用技术工具，提高任务的完成质量。

（3）实时反馈。为促进学生在任务中的进一步优化，引入实时反馈机制是必要的。通过生成式人工智能技术，可以及时提供学生在任务中的表现反馈，包括技术方面的评价、项目进度和结果预览等信息。实时反馈有助于学生及时调整和改进项目，使其更加符合预期目标。这种反馈机制还可以激发学生的学习兴趣，增强学生对任务的投入感。

4. 人机协同任务维度

学生、任务、生成式人工智能三个要素的交织形成了人机协同任务维度，这个维度强调生成式人工智能与学生之间的协同工作，实现人机共同完成项目任务的目标。

（1）智能辅助。生成式人工智能作为智能助手，在任务中扮演着提供有针对性的建议和提示的角色，以提高学生执行任务的效率。通过分析学生的操作历史和学习行为，生成式人工智能可以预测学生可能遇到的问题并给予相应建议。这种智能辅助有助于学生更快地克服困难，提高任务的完成效率。

（2）数据分析。通过利用生成式人工智能技术对学生的学习数据进行分析，可以更全面、深入地了解学生的学习情况。生成式人工智能可以从学生的操作记录、学习进度等方面提取有用信息，为教师和学生提供详细的学习反馈。这种数据分析有助于形成个性化的学习路径，更好地满足学生的学习需求，提高学习效果。

（3）协同创作。通过人机协同，学生可以与生成式人工智能系统一同参与项目的创作过程。生成式人工智能系统可以提供创意建议、辅助设计、生成原型等，与学生共同完成项目的不同阶段。这种协同创作不仅能够充分发挥人工智能的创造性，还能激发学生的创意和想象力，推动项目的创新性发展。

（四）项目任务的三个核心内容

在项目任务设计中，学习目标、既定任务和学习活动构成了任务的核心内容。这三者相互依存、相互作用,共同支持学生在项目中的学习体验和成果。

1. 核心内容

1) 学习目标

学习目标是项目任务设计的基础和引导方向。清晰而具体的学习目标对于学生理解任务的重要性、期望的学习成果及在项目中所需达到的标准至关重要。在生成式人工智能时代,学习目标的设定应考虑培养学生的创造性思维、技术应用能力,以及与人工智能技术相关的专业素养。这些学习目标旨在激发学生的创新能力,使其能够灵活应用生成式人工智能技术解决实际问题。具体而明确的目标将引导学生在项目中学习和实践,培养他们的技术创造力,使他们能够更好地理解和应用人工智能技术。

在生成式人工智能的背景下,学习目标还应突出培养学生的技术应用能力,使其能够熟练使用生成式人工智能工具,理解其基本原理,并能够将这些技能应用到实际项目中。同时,学习目标还应强调与人工智能技术相关的专业素养,包括对伦理、法规等方面的理解,以便学生在实际项目中能够更全面地考虑和解决问题。

总体而言,生成式人工智能时代的学习目标应当以培养学生的创造性思维、技术应用能力和专业素养为导向,使他们具备更强大的能力来面对未来的职业挑战和创新需求。

2) 既定任务

既定任务是项目任务的具体内容和要求,为学生提供清晰的方向和明确的框架。任务的设计应当与实际需求贴近,确保学生在完成任务的过程中能够获得实际的项目经验。在生成式人工智能时代,既定任务的制定需要充分考虑人机协同的特点,引入生成式人工智能技术,使任务更具前瞻性和创新性。

通过引入生成式人工智能技术,既定任务可以更好地反映未来职业领域的需求和趋势。这包括在任务中整合人工智能系统,使学生能够与智能助手合作完成任务,从而提高任务的智能性和创新性。生成式人工智能技术的应用可以使任务更具有前瞻性,促使学生在任务中不仅仅获得基础经验,还能够面对未来的技术发展趋势,培养学生更好地应对创新性挑战的能力。

在制定既定任务时,还需要注重任务的实际性和可操作性。任务应当模拟真实项目情境,融入生成式人工智能技术,使学生能够在任务中充分应对实际的挑战,同时通过与人工智能系统的协同工作,提高任务的效率和创造性。这样的设计不仅能够满足学生对实际项目经验的需求,还能够使任务更符合未来工作环境的特点,使学生更好地适应生成式人工智能时代的工作要求。

3) 学习活动

学习活动是学生在任务中进行的实际操作,是实现学习目标和完成既定任务的关键手段。这些学习活动包括实验、研究、创意设计、团队合作等多种形式,通过这些多样化的学习活动,学生能够将理论知识应用到实际情境中,培养实际解决问题的能力。在生成式人工智能时代,学习活动应当充分借助相关技术工具,使学生更深入地了解人工智能的应用和创新。

通过引入生成式人工智能技术,学习活动可以更富有创新性和前瞻性。例如,学生可以利用生成式人工智能工具进行实际的创意设计,在数字创意领域中创建独特的作品。这样的学习活动不仅提供了实践经验,还培养了学生在人工智能时代中运用技术解决问题的能力。学生在参与团队合作的活动时,也可以借助人工智能技术提高团队合作效率,通过智能协同工作实现更高水平的团队创新。

在生成式人工智能时代,学习活动的设计应当强调技术的应用和实际操作。通过使用相关技术工具,学生能够更深入地了解人工智能的原理和应用,增强对技术的理解。例如,学生可以通过实际操作生成式人工智能系统,更好地理解其工作原理和应用范围。这样的实践性学习活动有助于培养学生在实际项目中运用人工智能技术的能力,为他们未来的职业发展奠定坚实的基础。

2. 相互依存与相互作用

1) 学习目标与既定任务的关系

学习目标的明确性为学生提供了在任务中应取得的具体成果的指导方向。这些目标是任务设计的出发点,为学生提供了实现学习目标的指引。既定任务是达到这些学习目标的具体路径和框架。学习目标和既定任务之间存在密切的关系,相互促进任务的设计、落实和最终实现学习目标。

学习目标的明确性有助于学生理解任务的重要性、期望的学习结果及他们在项目中需要达到的标准。这为学生提供了明确的学习方向,使他们能够更加专注地投入任务中。同时,既定任务作为实现学习目标的具体手段,为学生提供了一系列明确的行动步骤和操作指南,使他们能够有条不紊地推进任务的执行过程。

2) 既定任务与学习活动的关系

既定任务作为任务设计的核心,规定了学生在项目中需要完成的具体任务要求和目标。这一系列任务要求构成了任务的框架,为学生提供了明确的方向和结构。与此同时,学习活动则是学生在实现这些任务要求的过程中所进行的具体操作和实践活动。可以说,既定任务提供了任务的基本框架,而学习活动则充实了这个框架,使任务得以具体而生动地实施。

既定任务和学习活动之间形成了一种相辅相成的关系。既定任务提供了学生需要完成的目标和要求,而学习活动则是实现这些目标和要求的具体手段。任务规定了框架,学习活动填充了这个框架,共同推动着学生朝着学习目标迈进。

3) 学习活动与学习目标的关系

学习活动作为学生实现学习目标的关键手段,强调了通过实际操作和积极参与各种实践活动,学生能够更有效地实现学习目标,并将抽象的理论知识转化为具体的实际能力。通过积极参与各类学习活动,学生不仅能够加深对理论知识的理解,更能够在实际操作中培养和提升实际技能。这些学习活动可能包括实验、研究项目、创意设计、团队合作等多种形式。通过这些实际操作,学生将学到的理论知识应用到具体情境中,使其更加深刻地理解和掌握所学内容。

学习活动还促使学生培养解决问题的能力和创新思维。通过面对实际挑战和任务,学生需要运用他们的知识和技能去解决问题,培养了解决实际问题的能力。这样的实践操作有助于培养学生的创新性思维,使其具备更好的问题解决和创造性思考的能力。

这三个要素相互依存、相互作用,构成了项目任务的整体框架。在生成式人工智能时代,通过对这三个要素的深入考虑,项目任务设计能够更好地适应新的技术背景,为学生提供更富挑战性和实践性的学习体验。

通过这一框架,教师可以更好地指导学生,生成式人工智能技术可以更好地发挥作用,学生在任务中既能够培养专业能力,又能够在与生成式人工智能的协同中获得创新性的学习体验。这样的项目任务设计模型为数字创意类专业的项目教学提供了有力的支持,使教育更符合生成式人工智能时代的需求。

二、人机协同任务高度适配基于生成式人工智能技术的项目教学

人机协同任务作为一种学生、任务、人工智能三要素全面融合的任务类型,与基于生成式人工智能技术的项目教学形成了天然的适配。

(一)人机协同任务的概念

人机协同任务是指人与人工智能系统之间共同参与、合作完成的任务。在这种任务中,人类和人工智能系统相互协作,发挥各自的优势,以实现更高效、更复杂的任务目标。这种协同关系涉及任务的设计、执行、评价等方面,使得人类和机器能够共同完成需要智能化处理的工作。

人机协同任务强调人与机器之间的协同合作,以达到优化任务执行效果的目的。该理论关注任务的层级性、逐步难度的设计及实时反馈机制。这与生成

式人工智能技术项目教学的要求高度契合。

（二）人机协同任务与生成式人工智能技术项目教学的适配性

1. 自主学习与教育目标一致性

生成式人工智能技术注重自主学习，而人机协同任务的设计也可以促进学生的自主学习，使其更好地达到教育目标。在生成式人工智能技术的应用中，自主学习是一项核心能力。学习者可以通过与人工智能系统的交互，根据自身的学习需求和兴趣进行深度学习。这种学习方式强调个体的主动性和自我驱动，有助于培养学生的学习兴趣、学习动力及对知识的深入理解。

在人机协同任务设计中，将生成式人工智能技术融入其中，可以进一步促进学生的自主学习。任务的设置可以通过激发学生的学习兴趣和主动性，使其更好地融入任务中。例如，设计一个具有一定开放性的任务，鼓励学生主动探索解决问题的途径，从而在实践中培养他们的自主学习意识。

2. 任务个性化与学生需求契合性

任务个性化与学生需求契合性是在生成式人工智能技术和人机协同任务设计相结合的背景下产生的重要优势。生成式人工智能技术能够根据学生的个体差异提供个性化的学习支持，而与之结合的人机协同任务则使得任务设计更加贴近学生的需求，从而提高学习效果。

通过分析学生的学习数据、行为和反馈，能够深入了解每个学生的学习特点、兴趣和学科水平。这为个性化学习提供了有力支持。在任务设计中，可以根据这些个性化信息调整任务的难度、内容和形式，以更好地满足学生的学习需求。例如，智能系统可以根据学生的学科水平推荐不同难度的任务，或者根据学生的兴趣推荐相关的学习资源。

3. 实践性与项目教学整合性

人机协同任务设计强调实践性，与生成式人工智能技术项目教学的目标契合，促使学生通过实际项目获得更深入的理解和技能。这一观点涉及实践性对于学习的重要性、人机协同任务设计中实践性的体现，以及如何通过这种实践性达到更深层次的理解和技能提升。

实践性在学习过程中的作用不可忽视。通过亲身实践，学生可以将抽象的理论知识转化为实际操作能力。这种知行合一的学习方式更有助于知识的内化和应用，培养学生解决实际问题的能力。在生成式人工智能技术项目教学中，强调实践性与项目的本质相符，因为学生通过实际项目应用生成式人工智能技术，能够更直观地理解其工作原理和应用场景。

4. 数据驱动与评价方式创新性

生成式人工智能技术的使用会产生大量数据,可用于任务评价。在人机协同任务的设计中,借助数据驱动的方式进行更全面、创新的评价是一种有效的手段。这一观点涉及数据在任务评价中的作用、数据驱动评价的优势,以及如何在人机协同任务中充分利用生成式人工智能技术产生的数据进行更全面、创新的评价。

数据驱动的方式在任务评价中具有独特的优势。通过分析生成式人工智能技术产生的数据,可以深入了解学生的学习轨迹、创造力发挥情况、问题解决能力等方面的信息。这种方式不仅使评价更为客观和精准,还能够帮助教师更好地理解学生的学习状态,为个性化的教学提供依据。

5. 伦理教育与技术应用的合法性

生成式人工智能技术的广泛应用伴随着一系列伦理问题的涌现,通过人机协同任务设计,可以有效地将伦理教育融入项目教学,使学生更全面地考虑技术应用的合法性和伦理问题。这一观点关注了生成式人工智能技术背后的伦理挑战,并强调了人机协同任务在培养学生伦理思考能力方面的潜在作用。

生成式人工智能技术的应用不可避免地涉及隐私、数据安全、算法偏见等伦理问题。通过人机协同任务设计,可以将这些伦理问题融入项目教学中,让学生在实际的项目实践中直面并解决这些问题。例如,在数字创意项目中,学生可能使用生成式人工智能技术创作作品,但在此过程中需要考虑使用他人素材的合法性、作品对社会的影响等伦理层面的问题。

人机协同任务设计可以通过引导学生分析和讨论生成式人工智能技术的伦理问题,培养其审慎和负责任的技术使用态度。通过项目教学,学生有机会研究和思考伦理框架、法规标准,了解技术创新与社会责任之间的平衡。这样的任务设计能够促使学生更深入地理解技术与伦理的关系,培养其对技术应用的合法性和社会影响有清晰认识的能力。

人机协同任务的特性与生成式人工智能技术项目教学的目标高度契合,二者的结合有望推动项目教学进入更高效、更创新的时代。

第三节　任务设计中生成式人工智能的集成方式

一、项目任务各核心内容的人工智能集成方式

在生成式人工智能时代,项目任务的设计应当充分融入人工智能的技术特色,以实现更高效、创新和实践导向的教学目标。任务设计的核心内容包括学习目标、既定任务和学习活动,而与人工智能的集成将使任务更贴合学生需求、更

符合实际应用,并提高学生在项目中的参与度和学习效果。

(一)学习目标与人工智能整合

(1)定制化学习目标。生成式人工智能技术通过数据分析和算法模型,能够深入挖掘学生的个体差异和学科需求。基于学生的学科水平、学科偏好及学习风格等信息,智能系统可以定制个性化学习目标,为每个学生提供更加个性化的学习体验。这样的定制化不仅有助于激发学生的学习兴趣,还能更精准地满足其学科需求。

(2)智能评估与调整。集成人工智能的评估系统能够实时监测学生的学习进度和表现。通过对学生的学习数据进行分析,智能系统可以自动进行评估,不仅提供学生当前学科水平的反馈,还能调整学习目标。例如,当学生表现出超过预期的水平时,系统可以自动提升学习目标,为其提供更具挑战性的任务,以激发学生的学科潜力。

(二)既定任务的人工智能应用

(1)自动化任务分解。生成式人工智能技术在任务分解上具有独特的优势。通过深度学习和自然语言处理等技术,系统可以对任务进行更细致的分解,将整体任务分解成更小、更具体的子任务。这种自动化的任务分解有助于提高任务完成的效率,降低学生面对复杂任务时的学习难度。

(2)模型协助决策。集成决策支持系统可以在任务执行中为学生提供决策支持。通过对任务执行路径、方法和策略的模型分析,系统可以为学生提供实时建议,优化任务的执行流程。这不仅使学生更容易做出决策,也促进了学生对任务的深入理解。

(三)学习活动与人工智能的协同

(1)虚拟实践环境。在任务设计中,虚拟实践环境的集成通过使用虚拟现实、增强现实等技术,为学生提供更真实、具体的学习体验。学生可以在模拟的实践环境中进行学习活动,与生成式人工智能技术互动,从而更好地掌握专业知识和技能。例如,一个数字创意类专业的项目任务,学生可以通过虚拟实践环境进行设计、模拟和调整,获得更丰富的实践经验。

(2)智能辅助学习。集成智能辅助学习工具,使学生能够在任务中获得实时反馈和指导。系统可以识别学生在学习活动中遇到的困难,并提供相应的辅助。例如,在数字创意项目中,智能辅助学习工具可以识别学生设计中的潜在问题,并给予实时建议,提高学生的创作效果。

通过将人工智能技术嵌入学习目标、既定任务和学习活动的设计中,项目任务得以更好地适应学生的个体特点,提高任务的实际性和创新性。这种集成方式不仅使任务更具针对性,还使学生能够更全面地与生成式人工智能技术互动,实现更深层次的学习效果。同时,这也为任务设计者提供了更灵活、更精准的工具,以更好地实现项目教学的目标。

二、生成式人工智能的使用时机与比例

在项目教学中需要综合考虑多个因素,合理安排生成式人工智能的使用时机与比例,以最大限度地发挥其优势并提高教学效果。

(一)生成式人工智能的使用时机

在项目教学中应该结合项目的不同阶段灵活考虑生成式人工智能的使用时机,以最大限度地发挥其优势。以下是在项目教学的不同阶段突出生成式人工智能技术适用性的讨论。

1. 项目准备阶段

在项目准备阶段,教师需要确定项目的主题、学习目标和基本结构。生成式人工智能技术可以用于帮助教师收集和整理大量相关领域的信息,以便更好地设计项目内容。例如,利用自然语言处理技术可以快速检索大量文献,为项目主题提供更全面的背景资料。

2. 任务设计阶段

在任务设计阶段,生成式人工智能技术可以用于设计个性化、有挑战性的任务。通过分析学生的学科背景和兴趣,系统可以生成符合个体差异的任务要求。此外,生成式算法也可以辅助任务的难度调整,确保任务既具有一定的挑战性,又符合学生的实际水平。

3. 实施与执行阶段

在实施与执行阶段,学生将开始执行任务并创作相应的作品。一方面,生成式人工智能技术本身就是项目的重要内容与制作应用的工具,同时,生成式人工智能技术可以在这一阶段提供实时的反馈与指导。例如,基于机器学习的系统可以分析学生的实际操作,快速识别出潜在的问题并提供有针对性的建议,帮助学生更好地完成任务。

4. 评价与反馈阶段

在评价与反馈阶段,生成式人工智能技术可以用于自动评价学生的作品。通过深度学习算法,系统可以识别作品的创新性、技术水平等,提供客观、多维度的评价。此外,生成式人工智能技术还可以生成个性化的学习反馈,帮助学生更

好地了解自己的优势和不足。

5. 总结与展望

在项目教学的每个阶段,生成式人工智能技术都能够提供有针对性的支持,帮助教师更好地设计任务、个性化学生体验,并为学生提供实时、精准的评价与反馈。在整个项目教学过程中,生成式人工智能的使用时机应当结合项目的特点、学科需求及学生群体的特征,确保其充分发挥作用,提升教学效果。

(二)生成式人工智能使用比例

将生成式人工智能技术应用于项目教学中,确定其使用比例是一个复杂而关键的问题。这需要综合考虑项目的性质、学科特点、学生需求、技术成熟度等多方面的因素,以确保生成式人工智能技术在项目教学中发挥最大的效益。

1. 项目类型与生成式人工智能比例

(1)创意类项目。在数字创意类项目中,生成式人工智能技术可以用于创意灵感的激发、设计元素的生成等方面。在这类项目中,可以适度提高生成式人工智能的使用比例,以辅助学生更好地发挥创意,提高设计效率。例如,在艺术设计项目中,可以使用生成式人工智能生成艺术元素,激发学生的创意灵感。

(2)传统工艺类项目。对传统工艺类项目,生成式人工智能技术可以用于辅助解决复杂的技术与结果呈现问题,但由于这类项目更强调实际操作和技术要求,生成式人工智能的比例相对较低。例如,在手工手办制作项目中,学生可能更需要亲自动手完成手办塑形与上色等任务,生成式人工智能的应用相对较少。

2. 项目阶段与生成式人工智能比例

(1)项目启动和任务设计阶段。在项目启动和任务设计阶段,生成式人工智能可以用于信息收集、初始构想等,比例可适度提高。在这个阶段,生成式人工智能可以帮助教师更快速地建立项目框架,提供灵感和初步的解决方案。

(2)任务执行和学习活动阶段。在任务执行和学习活动阶段,生成式人工智能的比例需要适度减少,以保证学生能够充分参与任务,完成实际操作。这一阶段学生更需要亲自动手解决问题,而不是完全依赖生成式人工智能。例如,在编程项目中,学生需要亲自编写代码,而不是完全依赖生成式人工智能生成代码。

(3)项目总结和评价阶段。在项目总结和评价阶段,可以适度提高生成式人工智能的比例。在这个阶段,生成式人工智能可以用于项目成果的自动评价、反馈和总结,提供更全面的评价数据。例如,写作项目,生成式人工智能可以用于评估文章的语法、结构等方面,提供更精准的评价。

3. 学生个体差异与生成式人工智能比例

(1)学科兴趣。学生对生成式人工智能的兴趣因人而异。对生成式人工智能感兴趣的学生,可以增加相关任务的比例,以提高学生的学科兴趣和积极性。例如,在数据分析项目中,学生可以使用生成式人工智能工具进行数据挖掘,提高对数据分析的兴趣。

(2)学科基础。学科基础较弱的学生可能需要更多的生成式人工智能支持,比例可以相应提高。在这种情况下,生成式人工智能可以作为学科知识的补充和支持,帮助学生更好地完成任务。例如,在数学建模项目中,生成式人工智能可以用于辅助建模过程,提高学生对数学概念的理解。

4. 技术成熟度和资源支持与生成式人工智能比例

(1)技术成熟度。学校或机构的生成式人工智能技术成熟度也是确定比例的重要因素。如果技术成熟度较高,可以考虑适度提高使用比例,以充分发挥技术的优势。反之,如果技术成熟度较低,需要谨慎使用,避免影响项目的顺利进行。

(2)资源支持。学校或机构提供的技术支持水平和资源状况也会影响生成式人工智能的使用比例。如果资源充足,可以更好地支持生成式人工智能技术的应用;反之,则需要谨慎调整比例。

在整体项目中,生成式人工智能的使用比例应该是动态可调的,需要根据项目的不同阶段、任务的性质、学生的需求和学科特点进行灵活调整。合理分配生成式人工智能的比例有助于充分发挥其优势,推动项目教学的有效实施。

第五章

基于评价原则体系的评价量表制定

本章将从传统的项目教学模式出发,探讨评价原则应基于什么样的核心理念进行构建,并在此基础上分析生成式人工智能时代项目教学的特点及可能遇到的问题,建立符合生成式人工智能特色的项目教学评价原则体系,以遵循传统项目教学评价的既有原则为基础,如培养目标多维度、结果与过程评价相结合、评价方式与主体多元化、数据直观与可操作性原则等,又充分考虑生成式人工智能技术的特色,如使用者主导性、成果真实性、创新性及伦理原则。在生成式人工智能的运用与人机主导程度等内容上客观地衡量学生在项目中的表现及其成果,以确保评价过程既全面又具有实践导向作用。本章将深入探讨这些基本原则的重要性及它们在数字创意领域的具体应用。

第一节　评价原则元素的提炼

一、传统项目教学评价既有原则

项目教学模式的形成源远流长,可追溯到 20 世纪初的教育改革运动。在这一时期,教育家们开始意识到仅仅关注学科知识的传授并不足以培养学生综合素养。因此,教育界逐渐引入了项目教学,并在此基础上形成了一系列评价原则。

(一)项目教学评价核心原则

1. 核心原则描述

比较统一的学术观点是,项目教学评价有以下核心原则。

(1)综合性评估。评价应该超越传统的知识考查,更广泛地关注学生的技能、创新潜力、团队协作等多方面的素质。

(2)实践导向。评价需要与实际项目密切结合,注重理论知识在实际问题中的运用。

(3)学生参与和反馈。学生在评价中的积极参与和反馈机制,促进了学生的自主学习和发展。

（4）跨学科协作。评价注重学科间的整合与合作，培养了学生跨学科解决问题的能力。

2. 核心原则的优势与作用

在这些核心原则的指导下构建的传统项目教学评价体系，经过多年的教学实践，有如下公认的优势与作用。

（1）项目教学评价可以促进学生的全面发展。这是传统项目教学评价的核心作用之一，通过注重技能、创新、团队协作等方面的评价，这一方法培养了学生多方面的能力，使其更具综合素养。

（2）项目教学评价的实践导向保证了学生实践能力的培养。项目评价与实际项目结合，着眼于学科知识在实际应用中的运用。这不仅使学生更深刻地理解理论知识，还提供了解决实际问题的机会，培养了实际操作的技能。

（3）项目教学评价促进了学生参与和反馈。这种参与度的提升激发了学生的自主学习意愿，同时通过反馈机制，促进了持续的学习和改进。

（4）项目教学评价重视跨学科协作。传统项目教学评价注重跨学科的整合与合作。学生在不同学科领域中学习和协作，培养了综合性思维和跨学科解决问题的能力，使其能更好地适应未来职场的要求。

一直以来，传统项目教学评价原则在教育领域发挥了重要作用，为学生提供全面、实践导向的学习体验。在面对日益复杂的社会和技术变革时，我们也需要不断审视和更新这些原则，以更好地适应新时代的教育需求。

（二）数字创意类专业项目教学评价既有原则

从上述的项目教学评价核心原则出发，结合数字创意类专业的特点与需求，提炼出以下项目教学评价既有原则。

1. 培养目标多维度原则

培养目标多维度是项目教学评价中的一个关键原则，它不再仅仅注重知识传授的范畴，更注重学生在多个方面的全面发展。这一原则的实践有助于塑造学生综合、灵活和适应性强的素质，以适应不断变化的社会和职业环境。

培养目标多维度原则是基于对学生综合素养的理解，认为评价应该涵盖多个维度，包括但不限于学科知识、实际应用能力、创新思维、沟通协作等方面。这种综合性的评价不仅能更全面地了解学生的整体表现，也更贴近工作和生活的真实需求。

以数字创意类专业的虚拟偶像设计项目教学为例，在这个项目中，学生不仅需要具备艺术设计的技能，还需要运用技术和创新思维来构建虚拟偶像形象。

因此,教师要从多个维度来评价学生的表现,培养目标评价维度与评价标准如表 5-1 所示。

表 5-1 培养目标评价维度与评价标准

评 价 维 度	评 价 标 准
美术设计技能	学生的绘画和设计水平,包括色彩运用、构图等方面
技术应用能力	学生是否能有效地使用数字设计工具,如 Photoshop、3D 建模软件等,将设计概念转化为实际作品
创新思维	考查学生在虚拟偶像设计中是否展现独特的创意,是否能够突破传统界限,创造出引人入胜的虚拟形象
沟通协作	评价学生在项目团队中的协作表现,包括与其他设计师、技术人员的有效沟通,是否能够共同推动项目的进展
行业洞察力	学生是否了解数字创意行业的发展趋势,是否能够将设计与市场需求结合起来

通过综合考查这些维度,评价可以更全面地反映学生在项目中的真实能力。这样的评价方法不仅帮助学生更好地了解自己的优势和不足,也为教师提供了指导,及时调整教学方法和项目设计,以更好地促进学生在多个方面获得成长。

培养目标多维度的原则丰富了项目教学评价的内涵,使其更符合综合素养的培养目标。通过从多个角度考查学生的表现,我们能够更好地满足当前社会和行业对人才的需求,培养更具综合能力的专业人才。这一原则的实践不仅在评价中起到了引导作用,也在教育实践中推动了更全面的教育模式的发展。

2. 评价方式与主体多元化原则

在项目教学中,评价方式与主体多元化的原则是指评价不再仅由教师来完成,而是引入了多种评价方式和多元的评价主体,以便更全面、客观地了解学生在项目中的表现。这一原则体现了一种合作性的评价理念,认为学生的表现不再仅是教师能够评估的,同学和行业专家的观点同样重要。

(1) 评价方式多元化是指采用多种不同的方法和手段,从不同角度对学生的学业表现进行评价。这种方法旨在提供更全面、客观的评估,同时促进学生在多样性评价环境中发展综合能力。在教育领域,评价方式多元化的实践已经成为一种趋势,以适应不同学科和学生个体之间的差异性。

传统项目教学评价方式及应用情况如表 5-2 所示。

(2) 评价主体多元化是指参与评价的人或机构不仅限于教师,还包括同学、行业专家、雇主等多个评价主体。这一方法旨在通过引入多元的视角和背景,提供更全面、客观的评价,有助于更好地了解学生的综合素养和能力。

表 5-2　传统项目教学评价方式及应用情况

评价方式种类	具体评价方式	应用情况
考试和测验	形式化考试	传统的笔试或计算机化考试仍然是评价学生理论知识的有效工具
	开放性问题	在考试中引入一些开放性问题,鼓励学生进行综合分析和创造性思考。这可以更好地评估他们解决问题的能力
项目和作业	研究项目	学生通过独立或团队研究项目,展示他们在特定领域的深度理解和创造性思考
	创作作业	学生创作文学作品、设计艺术品或编写代码等,这种创作性的作业可以展示他们的创意和实际应用能力
口头演讲和展示	学术报告	学生通过学术报告展示他们对某一主题的研究,包括相关文献综述、方法论和研究发现
	项目展示	学生以口头和视觉的方式呈现项目成果,向同学和教师展示他们的设计、解决问题的能力和创新能力
实习和实践经验	实习评价	基于在实际工作环境中的实习经历,雇主可以提供对学生工作表现和职业素养的直接反馈
	实践报告	学生通过书面报告总结实践经验,结合理论和实际情况,分析实际问题并提出解决方案
同学互评和小组合作	小组项目	学生参与小组项目,通过小组成员互评和团队评价,展示协作和沟通技能
	同学互评	学生对同学的作品或表现进行互评,促进同伴关系、鼓励合作,同时提供额外的观点和反馈
技能演示和实际操作	技能考核	对学生实际技能的考核,如实验技能、手工技能、程序编写等
	实际操作评价	学生在实验室或工作室中的实际操作表现,如虚拟拍摄、动画设计等

　　评价主体是指参与对学生学业表现评价的个体或机构。在传统教育中,评价主体主要是教师,通过考试、作业等方式对学生进行评估。然而,随着对教育目标多元化和学生个体差异的关注,评价主体逐渐扩展到多方面,包括同学、行业专家、雇主等。

　　基于不同评价主体的项目教学评价及应用情况如表 5-3 所示。

表 5-3　基于不同评价主体的项目教学评价及应用情况

评价主体	评价内容	评价形式与应用
同学	小组项目	学生参与小组项目,通过同组成员互相评价,提供关于团队协作、贡献度等方面的反馈。这种方法鼓励学生在团队中共同努力,同时接受和提供同伴反馈

续表

评价主体	评价内容	评价形式与应用
行业专家	项目成果展示	学生进行项目展示,邀请行业专家参与评审,提供实际行业经验的反馈。这有助于学生将学术知识应用于解决实际问题,并了解行业标准和发展趋势
实习和雇主评价	实习表现与经验	学生在实习期间由雇主进行评价,反映学生在实际工作场景中的表现。这种评价方式直接关系到学生未来职业发展的需求
用户反馈	设计项目效果	学生参与设计项目,收集用户的反馈意见,了解用户对设计的感受。这有助于培养学生关注终端用户需求的意识
参观者	学生奖项	举办各类展览与竞赛活动,设立学生奖项,由参观者投票选出表现优秀的作品与同学
家长	家长会议	学校可以定期举行家长会议,让家长参与对学生学业表现的评价。这种方式可有效促进学校和家庭的紧密合作,更好地支持学生的发展

通过引入多元的评价主体,学生能够接收到来自不同视角的反馈,有助于他们更全面地认识自己的优势和不足。这样的评价方式也更符合学生个体差异和综合素养的培养目标。

评价方式与主体多元化的原则为项目教学提供了更灵活、更具有包容性的评价体系。这种多元化不仅提高了评价的全面性和客观性,也促使学生更为积极地参与到学习过程中,培养了学生接受多元观点和合作的能力,符合现代教育的发展趋势。

3. 结果评价与过程评价相结合原则

在评价中,结果评价与过程评价是两个重要的维度。结果评价侧重于最终成果的质量,而过程评价则强调学生在整个学习过程中所展现的能力、方法和反思。将结果评价与过程评价相结合,不仅能更全面地了解学生的学业水平,还有助于培养学生的综合素养和自主学习能力。

结果评价通常关注项目最终产出的成果,这可以是论文、设计作品、实验报告等。结果评价有助于衡量学生在特定知识和技能方面的掌握程度,提供了对学生学业表现的总体评估。然而,仅仅依靠结果评价存在一些局限性,如可能忽略学生在学习过程中的动态变化和个体差异。

过程评价关注学生在项目学习过程中所展现的能力、方法和思考方式。这种评价注重学生的思考、解决问题的策略、团队协作和反思能力。通过过程评价,教师可以更深入地了解学生的学习过程,发现潜在问题并及时进行指导。过程评价也有助于培养学生的学习策略和元认知能力。

从上述内容可知,结果评价与过程评价都有优势与不足,对学生项目学习的评价都不够全面,因此,将结果评价与过程评价相结合,是项目教学评价的一个很重要的评价原则。这一做法有以下优势。

(1)可以全面了解学生能力。结果评价关注最终产出,而过程评价强调学生在实现这一结果的过程中所展示的能力。结合两者,能够更全面地了解学生的学术水平和综合素养。

(2)可以提供具体反馈。过程评价能够提供具体的、即时的反馈,帮助学生在学习过程中纠正错误、改进方法。而结果评价为学生提供了最终的总体表现,结合两者可以更好地指导学生的学业发展。

(3)可以促进学生自主学习。过程评价强调学生的学习方法和思考过程,有助于培养他们的自主学习能力。结合结果评价,学生不仅能够了解自己的学科水平,还能够反思学习方式,更好地规划学习路径。

例如,在CG技术应用课程教学中,学生面临的一个阶段性任务是设计一个虚拟现实应用。在结果评价中,教师关注最终的虚拟现实应用的质量,包括用户界面设计、交互性能等。这是通过评估学生的最终产品来实现的。在这个项目的过程评价中,教师关注的评价内容与标准如表5-4所示。

表5-4 教师关注的评价内容与标准

评 价 内 容	评 价 标 准
项目计划和时间管理	学生在项目计划中如何分配时间,是否能够按时完成各个阶段的任务
团队协作	学生在团队中的协作方式,是否能有效沟通、分工合作
问题解决能力	学生在面对技术或设计问题时的解决策略,是否能够灵活应对挑战
反思和学习	学生对项目过程的反思,包括遇到的问题、取得的进展、改进的方向等

通过综合考虑结果评价与过程评价,教师能够更准确地判断学生的整体表现,并提供更有针对性的指导。这样的评价方法有助于培养学生的批判性思维、团队协作精神和自主学习能力,更好地迎接未来的职业挑战。

4. 数据直观可操作性原则

在项目教学中,数据直观可操作性是一项关键的评价原则。它强调使用清晰、具体、可视化的数据来评估学生的学业表现,使教师和学生能够直观地了解项目的进展和结果。这一原则有助于提高评价的客观性、透明度,也为学生提供明确的指导和反馈。

1) 数据直观可操作性原则的核心要点

（1）清晰性。评价数据应当表达清晰、明了，能够被理解和解释。学生和教师应能够直观地看到数据，而不需要深入了解专业领域的知识。

（2）具体性。评价数据应当具体，具体到学生的具体表现和项目要求。抽象的数据不利于学生理解和改进。

（3）可视化。将数据通过图表、图形等可视化手段呈现，能够更生动地展示学生的学业表现和项目进展。这有助于直观地理解数据关系和趋势。

（4）操作性。学生和教师应能够操作这些数据，进行进一步的分析和解读。数据应当是可以交互的，以满足不同层次和角色的需求。

2) 评价数据进行可视化呈现实例

以下是一个交互界面设计课程的项目教学实例。

在这个教学项目中，学生需要设计一个手机应用的各层级界面。在这个项目中，多个制作环节都有数据可视化的项目要求，教师还设计了各种过程性的评价量表，对评价数据进行了可视化呈现。

（1）用户反馈可视化。学生设计了一个在线调查，收集用户对应用界面和功能的反馈。这些反馈可以通过可视化的图表呈现，直观地展示用户喜好和建议。例如，使用柱状图展示不同特性的满意度，使用词云展示用户的关键反馈词汇。

（2）项目进度仪表盘。学生和教师可以共享一个项目进度仪表盘，显示项目各个阶段的完成情况。通过色彩标记、百分比等可视化手段，直观地了解项目的整体进展。这使学生可以及时调整计划，教师也可以更好地支持学生。

（3）个体学生成绩趋势图。每个学生的学业表现可以通过趋势图展示，显示他们在不同阶段的得分和成长趋势。这有助于学生了解自己的学习轨迹，同时教师可以根据趋势提供个性化的支持和建议。

（4）项目任务分解图。将项目任务分解成不同的子任务，通过甘特图或其他图示展示每个子任务的完成情况和时间节点。学生可以清晰地看到任务的层次结构，以及每个子任务的重要性。这也帮助教师更好地理解学生在项目管理方面的能力。

3) 数据直观可操作性原则的优势

从这些项目制作与教学评价的数据呈现结果来看，项目教学中，数据直观可操作性原则具有以下优势。

（1）提高透明度。可视化和可操作性的数据使学生和教师能够更直观地理解学生的学业表现和项目进展，提高评价的透明度。

（2）促进反馈交流。可视化的数据有助于学生和教师进行更深入的交流和反馈。学生能够更好地理解自己的强项和改进方向，而教师可以更具体地指导学生。

（3）支持自主学习。可操作性的数据使学生能够主动参与分析和解读，促进了自主学习的培养。学生能够更主动地调整学习策略，提高自主学习的能力。

总之，数据直观可操作性是项目教学评价中的重要原则，通过清晰、具体、可视化的数据，学生和教师能够更有效地理解学业表现和项目进展，实现更有针对性的评价和指导。

二、基于生成式人工智能技术的项目教学评价特色原则

（一）生成式人工智能时代对项目教学评价原则体系提出的新要求

生成式人工智能时代对数字创意行业呈现出多方面的挑战和机遇，对项目教学评价原则体系的构建也提出了新的要求。

（1）强调使用者主导性原则意味着学生在项目中的角色不再仅是知识的接受者，而且是项目的主导者和参与者。美国教育学家约翰·杜威（John Dewey）曾指出，"学习的本质是积极参与，是个体通过参与活动来建构知识"，[①]这与使用者主导性原则密切相关。在传统的教学中，学生往往是接受知识的一方，而在项目中，学生需要积极参与项目的设计、实施和评价，这有助于培养他们的自主学习能力和团队协作精神。

（2）成果真实性原则则强调学生的项目成果应当反映其真实的学习水平和技能。以数字创意项目为例，学生通过应用生成式人工智能技术创作出一幅艺术作品。在评价中，需要综合考虑作品的美学价值、技术运用、创新性及对主题的深度理解，而不仅仅是单一技术的应用。这一原则的贯彻使评价更趋向于多元，有助于评价学生的全面素养。

（3）创新性原则强调学生在项目中展现新颖思路和方法的能力。在数字创意项目中，学生可能面临的任务是设计一个虚拟角色，利用生成式人工智能技术使其具备智能互动。评价中可以关注学生是否采用独特的角度对角色进行设计，是否尝试新兴的技术或方法。这符合爱德华·德·博诺（Edward de Bono）的创造性思维理论，即在评价中注重学生的侧面思考和创新性的表现，而不仅仅是套用传统模式。[②]

（4）伦理原则的引入是对教育评价体系的一项重要补充。在使用生成式人工智能技术时，可能涉及大量的个人数据和隐私信息。意大利哲学家卢西亚诺·弗洛里迪（Luciano Floridi）在他的著作中指出，"伦理不仅仅是一种限制，更是一种推动力"，弗洛里迪还提出了自己独特的善恶观。他认为，一切信息都是

---

① 约翰·杜威.我的教育信条[M].北京：中国传媒大学出版社，2018.

② 潘洁，金炜，赵敏，等.试论创造性思维理论中的几个问题[J].心理科学通讯，1982(5)：36-43.

善的;所有的信息体都应得到尊重。弗洛里迪还在传统伦理学中的道德之恶和自然之恶的基础上提出了人工之恶的概念:由人工与自主的能动者或人工与非自主的能动者所产生的恶。① 在评价中注重伦理原则不仅有助于保护学生的权益,也能促使教育者更加负责任地运用技术。

(5)对技术运用的客观衡量原则要求评价体系在技术评估中不仅关注学生的技术应用水平,还需考查其对技术的理解和创造性运用。以学生设计一个虚拟偶像的项目为例,不仅要评价偶像的外观和互动功能,还需关注学生是否理解生成式人工智能技术的工作原理,是否能灵活运用该技术以满足项目的需求。这一原则有助于培养学生对技术的深刻理解和主动运用的能力。

综上所述,这些新要求的提出反映了教育评价体系在生成式人工智能时代的不断演变。学生不再仅是知识的接收者,还应是参与者和主导者,项目评价的目标从单一的知识掌握转变为全面素养的培养。

(二)基于生成式人工智能技术的项目教学评价特色原则

基于生成式人工智能技术的项目教学评价特色原则元素的提炼涉及对这类技术在项目教学中所具有的独特地位的深入理解。这一理解至关重要,因为生成式人工智能技术不仅仅是一种评价工具,还是项目教学的一个关键组成部分,甚至是其中的驱动力,其独特性质塑造了整个教学过程的特色。

首先,生成式人工智能技术在项目教学中具有独特的评价手段。通过该技术,教师能够更准确地评估学生在项目中的表现,包括技术应用、创造性思维和问题解决能力等方面。生成式人工智能技术能够提供更深入的数据分析,帮助教师全面了解学生的学习状况,为个性化教学提供有力支持。

其次,生成式人工智能技术作为项目教学的组成部分,可以为学生提供实时、个性化的反馈。学生在项目中的实际操作和学习活动通过生成式人工智能技术得到及时评价,帮助他们更好地理解和调整自己的学习状态。这种个性化的反馈机制有助于学生在项目中不断优化自己的表现,提高学习效果。

最后,生成式人工智能技术可以作为项目教学的驱动力,激发学生的学习兴趣。通过引入先进的技术工具,项目教学变得更加创新和前瞻,学生在实践中能够直接与人工智能系统进行互动,体验技术的魅力。这种学习方式能够激发学生对技术的兴趣,提高他们对项目的投入度。

根据基于生成式人工智能技术的项目的特点,总结出以下教学评价特色原则。

---

① 赵子晗.卢西亚诺·弗洛里迪的信息伦理学研究[D].南宁:广西大学,2021.

1. 使用者主导性原则

在以生成式人工智能技术为主要制作工具的项目中,使用者主导性原则具有决定性意义。这一原则在项目评价中的应用,一方面严格遵循人工智能工具化,把对生成式人工智能工具的控制能力作为评价重点;另一方面充分尊重参与者(学生、创作者等)的选择权,让他们在项目的各个阶段发挥主动性。使用者主导性原则具化的评价指标与内容如表5-5所示。

表5-5　使用者主导性原则具化的评价指标与内容

评价指标	评价内容	评价标准
自主设定个性化项目目标	是否根据自己的兴趣和目标设定个性化的项目目标	评价体系应包括对学生或创作者设定个性化目标的机制,允许他们根据个人兴趣,选择使用生成式人工智能技术完成任务
自主选择与学习生成工具	是否能根据不同的创作任务选择不同的生成式人工智能工具;使用者是否能自主学习生成工具	评价体系应关注参与者在选择生成工具时的理由和效果,以确保他们能够合理、灵活地运用生成式人工智能技术
自我主导创作过程	项目制作全过程中是否都有效控制生成式人工智能工具,学生是否自主决定创作步骤和流程	评价体系应包括对创作者创作过程的个性化评价,考查他们在使用生成式人工智能技术时的创新和独特贡献
参与评价标准制定	学习者是否参与、共同制定评价标准	在生成式人工智能项目中,评价标准的制定应考虑到个体在使用技术工具时的独特需求和目标,确保评价体系更符合项目的创意性

2. 成果适用性原则

在以生成式人工智能技术为主要制作工具的项目中,成果适用性原则是确保项目生成成果实际应用和有效性的关键原则。这一原则强调评价生成的成果在实际应用中的价值,促使项目更加注重技术创新与实际需求的结合。成果适用性原则具化的评价指标与内容如表5-6所示。

表5-6　成果适用性原则具化的评价指标与内容

评价指标	评价内容	评价标准
评价生成成果的实际应用价值	生成的剧本或角色概念是否具有实际应用价值,能否在实际制作中成功应用	成果是否符合项目初衷和需求;是否具备商业化或实际应用潜力
技术生成与人工创意的有机融合	项目成果中生成式人工智能技术与创作者的人工创意如何融合,是否形成有机整体	是否能够明确判别生成技术和人工创意的贡献;融合程度是否在提升创意水平的同时保留了人类创作者的独特性

续表

评 价 指 标	评 价 内 容	评 价 标 准
生成成果的可操作性和实现可能性	生成的成果在实际操作中的可行性和实现可能性	生成成果是否容易转化为实际操作的步骤和流程; 技术生成是否能够被轻松整合到实际项目中

通过强调成果适用性原则,生成式人工智能项目的评价更加全面,确保了技术创新与实际应用的有效结合,从而推动了项目的实质性成果。

3. 成果创新性原则

成果创新性原则是指确保项目生成成果具备独特、前瞻性的原则。该原则注重评价生成的成果是否在技术和创意上具有创新性,推动项目从技术和艺术层面实现突破性进展。成果创新性原则具化的评价指标与内容如表 5-7 所示。

表 5-7　成果创新性原则具化的评价指标与内容

评 价 指 标	评 价 内 容	评 价 标 准
生成成果的技术创新性	生成的作品是否在技术应用上具备创新性	技术生成是否利用了最新的生成式人工智能算法或模型; 是否有新颖的技术应用场景
创意协同与融合程度	项目中生成式人工智能技术与人工创意是否形成了有机的整合;是否能够有效地整合来自不同创作者和技术的多元创意	是否清晰区分了技术生成和人工创意的贡献; 是否提供了平台或机制促进多元创意的协同工作; 是否成功融合了来自不同领域的创意元素
生成成果的艺术创新性	生成的成果在艺术表现上是否具有创新性	是否体现了艺术领域内的新潮趋势; 是否突破传统的创作范式

通过强调成果创新性原则,生成式人工智能项目的评价更加注重在技术和艺术上的创新,推动项目在前沿领域取得新的突破。

4. 人工智能伦理原则

在基于生成式人工智能技术的项目评价中,人工智能伦理原则是确保项目在创作过程和成果展示中符合道德和社会规范的关键要素。这一维度关注项目是否在应用生成式人工智能技术时考虑伦理和社会责任,以保障项目的可持续发展和社会认可。人工智能伦理原则具化的评价指标与内容如表 5-8 所示。

表 5-8　人工智能伦理原则具体化的评价指标与内容

评价指标	评价内容	评价标准
隐私与数据安全保护	项目是否采取措施保护用户和相关参与者的隐私和数据安全	是否明确了采集、处理和存储个人信息的规范； 是否采用了先进的安全技术和加密措施
道德内容创作	项目是否体现了正确的意识形态，避免敏感或不当内容的产生。项目创作的内容是否遵循社会道德标准	是否设定了内容创作的伦理准则和标准； 生成内容是否经过道德与意识形态审查，避免不当内容的出现
公正与多元文化尊重	项目是否体现了对文化多样性和公正性的尊重	是否避免了对特定群体的歧视性言论或内容； 是否在生成过程中考虑到了不同文化的差异，创造包容性的体验
透明度和可解释性	项目是否提供了对生成过程的透明度和可解释性	是否向用户解释了生成式人工智能技术的使用程度； 是否清晰地展示了技术生成和人工创意的成分

通过关注人工智能伦理原则，项目可以更好地融入社会和文化背景，确保技术应用在符合道德和伦理规范的前提下发挥创造性。这一维度的评价有助于项目在技术创新的同时，维护社会和道德的基本价值，提升项目的社会认可度。关注人工智能伦理原则有助于防范潜在的技术滥用和风险，确保人工智能系统不会对社会造成负面影响。通过将人工智能伦理原则纳入项目评价，不仅能够塑造技术发展的道德方向，还能够提高项目的可持续性。

5. 数据安全性原则

在基于生成式人工智能技术的项目中，数据安全性原则是确保项目在处理和利用数据时能够维护用户隐私和保护敏感信息的关键原则。这一维度关注项目是否在数据采集、存储和处理过程中采取了有效的安全措施，以确保数据不受到不当访问、滥用或泄露。数据安全性原则具体化的评价指标与内容如表 5-9 所示。

表 5-9　数据安全性原则具体化的评价指标与内容

评价指标	评价内容	评价标准
合规性和法规遵循	项目是否遵循了数据保护法规和相关合规性标准	是否明确了所在地区和行业的相关法规要求； 是否建立了符合法规要求的数据管理流程

续表

评价指标	评价内容	评价标准
安全数据收集与传输	项目在数据采集和传输过程中是否采取了加密和安全传输措施	是否采用了加密技术保护数据在传输过程中的安全性； 是否限制了数据采集的范围，只收集必要的信息
数据存储安全性	项目对存储在数据库或云平台上的数据是否采用了安全存储方案	是否选择了安全可靠的数据存储平台； 是否建立了数据备份和恢复机制，以应对数据丢失或损坏情况
知识产权保护	项目是否在内容创作中遵循了著作权法和相关法规，确保使用的素材和生成的内容合法	是否明确了创作内容的版权归属，并遵循了合适的使用许可； 是否建立了内部流程，审查和授权使用外部素材

通过关注数据安全性原则，项目可以更好地建立用户信任，降低数据滥用和泄露的风险。这一维度的评价有助于确保项目在技术创新的同时，充分考虑数据隐私和安全的重要性，提高项目在用户和社会中的可持续性。注重数据安全性不仅有助于防范潜在的信息泄露问题，还能够增强用户对项目的信心。项目通过采用安全的数据存储和传输方式，确保用户信息得到妥善保护，进而降低了不法分子滥用数据的可能性。这种关注数据安全性的评价方式既是对项目责任心的体现，也是对用户隐私权的尊重。因此，项目在实施中遵循数据安全性原则，不仅有助于推动技术创新，还有助于在社会中取得更广泛的认可。

第二节 符合生成式人工智能特色的项目教学评价原则体系的搭建

在构建项目教学评价原则体系时，要充分考虑项目教学评价既有原则与基于生成式人工智能技术的项目教学评价特色原则两个维度。如图 5-1 所示，项目教学评价既有原则体系包括培养目标多维度、评价方式与主体多元化、结果评价与过程评价相结合、数据直观可操作性等原则；基于生成式人工智能技术的项目教学评价特色原则体系包括数据安全性、人工智能伦理、成果适用性、使用者主导性、成果创新性等原则。

一、原则体系的整合与协调

在塑造适应生成式人工智能特色的项目教学评价原则体系时，整合与协调的重要性不言而喻。这一过程不仅涉及传统项目教学评价原则的整合，更需要

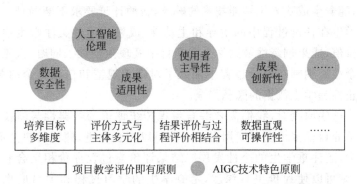

图 5-1　符合生成式人工智能特色的项目教学评价原则体系

巧妙地将这些传统原则与基于生成式人工智能技术的特色原则融为一体,以便更全面、有机地引导教学实践和学生发展。

　　整合与协调是为了应对教育领域日新月异的变革,特别是在生成式人工智能时代。传统的项目教学评价原则通常聚焦于学科知识和基础技能,而新兴的生成式人工智能技术则要求更多关注学生的创新能力、伦理素养及数据安全等方面。整合与协调的过程是对这两者之间的平衡和结合,以形成更具前瞻性和应变性的评价体系。

　　另外,整合与协调涉及不同维度原则的协同运作。传统的教学评价体系强调培养学科专业能力,而生成式人工智能时代对跨学科和综合能力的要求更加迫切。在这个过程中,整合与协调使培养目标多维度与评价方式多元化等原则能够有机结合,使评价不仅仅局限于学科知识,还包括学生的创新思维、团队协作等方面,关键性的工作包括以下几个方面。

(一) 融合不同维度的原则

　　在生成式人工智能时代,项目教学评价的演进变得更为复杂和全面。这一变革要求教育者在构建评价原则体系时,不仅要保留传统评价的基石,还要巧妙整合新技术的特色。这涉及对传统与新技术原则的深刻理解,以形成更全面、有机的评价体系。

　　传统评价原则一直是教学评价的支柱。培养目标多维度一直是传统评价中的核心,强调学科知识和基础技能的培养。而评价方式与主体多元化原则关注学生的多样性,确保评价方法能够包容不同学习风格和能力水平。结果评价与过程评价相结合原则则强调考查学生的学习过程,而非仅关注最终成果。数字直观可操作性原则则是借助数字工具提供直观、实时的反馈,为教学提供数据支持。

然而，随着生成式人工智能技术的崛起，新的评价要求不断涌现。使用者主导性强调学生在评价过程中的主导和主动性，成果适用性关注学生项目成果的实际应用价值，成果创新性鼓励学生在项目中展现独创性。同时，人工智能伦理和数据安全性原则则在评价过程中加入了对伦理规范和信息安全的关注，确保评价的公正性和学生数据的隐私安全。

在整合这些原则时，我们需要综合考虑传统评价的经典性与新技术评价的前瞻性。培养目标多维度与使用者主导性可以相互促进，使评价更全面，不仅关注学科能力，还注重学生的个性发展。结果评价与过程评价相结合和成果实效性的结合，则可以使评价更具深度，考查学生的学习过程和项目成果的实际应用。这一整合还需着眼于数字直观可操作性与人工智能伦理、数据安全性的平衡。数字化工具在提供实时反馈的同时，需要确保学生数据的安全，并始终遵循伦理规范，保障评价的公正性。

总之，整合传统与新技术的评价原则是为了更好地适应当今教育的多元需求。这一过程是对教育体系的积极拥抱和创新，为学生提供更全面、有机的学习体验，确保教育始终保持与时俱进。

（二）确保一致性与协同效应

在构建符合生成式人工智能特色的项目教学评价原则体系时，整合不同原则是确保评价体系综合而有效的重要环节。整合不同原则需要谨慎考虑，以确保它们之间的一致性，使这些原则不是相互冲突的孤立体，而是相互支持、相互促进的有机整体。

首先，确保一致性需要在理念上和实践中得以体现。各个原则应当在评价的目标和理念上保持一致，即传统评价原则和生成式人工智能技术特色原则要能够共同服务于教学质量的提升和学生全面发展的目标。评价过程中的操作、标准和方法也应当在整体评价体系中形成一致性，以确保评价结果的准确性和可信度。

其次，协同效应是整合的关键。这不仅要求各个原则之间相互强化，还要在项目教学中形成相互促进的关系。举例而言，培养目标多维度和结果评价与过程评价相结合的协同效应能够使评价更具深度。培养目标多维度强调学科能力和综合素养的培养，而结果评价与过程评价相结合注重学生在学习过程中的细节表现。将这两个原则结合，既能全面考查学生的学科水平，又能关注学生在学习过程中的具体表现，使评价更为全面。

此外，整合中的协调也需要关注原则之间的互补性。例如，数字直观可操作性与使用者主导性原则的协调可以提高评价的用户友好度。数字直观可操作性通过数字化工具提供实时的评价反馈，而使用者主导性强调学生在评价过程中的参与和主动性。两者结合,不仅使评价更加直观,还使学生能够更主动地参与数字化评价工具的使用。

在整合中,不同原则之间的相互促进尤为重要。数字直观可操作性与成果适用性的相互促进使学生在项目教学中既能得到实时的数字反馈,又能在过程中注重学习过程的细节,促使学生更全面地掌握自己的学习状态。

整合评价原则是为了创造一个有机、协调、一致的评价体系,以更好地引导学生的学习与发展。只有在整合的过程中,不同原则之间形成相互支持、相互促进的紧密关系,才能实现评价体系的全面性、合理性和有效性。

二、原则体系的纵横关系处理与融合

(一)整合与协调涉及横向和纵向两个方向的关系

横向关系指不同原则之间的联系,如如何将使用者主导性与评价方式多元化进行横向融合,使评价更加贴近学生需求。纵向关系指不同层级原则之间的联系,如如何将数字直观可操作性作为基础层级,与成果适用性等高层级原则形成纵向联动。

横向关系的建构涉及在不同原则之间找到有机的连接。以使用者主导性与评价方式多元化为例,如何在评价中实现用户参与的主导性,同时保持多元化的评价方式,是横向关系的重要体现。通过创新性的设计,可以将学生的参与度和个性化需求融入评价过程中,使评价更贴近学生实际需求,从而实现横向融合。

纵向关系的建构需要考虑评价原则在不同层级的相互关联。以数字直观可操作性为基础层级原则,与成果适用性等高层级原则形成纵向联动,要求在数字评价的基础上,更深入地关注学生的实际成果。数字直观可操作性作为底层基础,通过提供实时、直观的数字反馈,为高层级原则提供了可操作性的基础,形成了纵向上的有机衔接。

整合与协调的成功实现要求在横向与纵向的关系中取得平衡。横向关系需要在不同原则之间找到相互的补充与协同点,确保评价的全面性和综合性。纵向关系则要求在不同层级原则之间形成逻辑合理的连接,使评价在基础层级的支持下更全面、更深入地促进学生的全面发展。整体而言,整合与协调的良好实现,能够使生成式人工智能时代的项目教学评价更具有效性、全面性和创新性。

(二)横向融合相似原则

横向融合相似原则是在构建项目教学评价原则体系时,将有相似目标的原则进行协同整合,以创造更全面、综合的评价框架。以下是横向融合相似原则的一些策略和方法。

1. 共性识别与整合

首先,需要对相似的原则进行共性识别,确定它们之间的重叠点和相通之处。例如,如果有多个原则都强调学生参与性,那么可以将它们整合为一个更全面的"学生参与性原则"。

2. 设计交叉点

在评价体系中创造有机的交叉点,使相似原则能够共同发挥作用。例如,如果要融合数字直观可操作性和使用者主导性,可以设计一种数字化工具,既提供直观的反馈,又允许学生在评价过程中发挥主导作用。

3. 建立协同机制

设计一种协同机制,使相似原则之间能够相互支持。这可能包括制定共同的评价标准、共享数据,或者在评价过程中设立交叉点,确保相似原则在实际应用中不会产生冲突。

4. 综合指标体系

创造一个综合的指标体系,将相似原则的具体指标整合在一起。这有助于确保在评价结果中兼顾各个相似原则的要素,形成更全面的评价结果。

5. 学科交叉融合

如果相似原则来自不同学科领域,可以通过学科交叉融合的方式进行整合。这有助于确保在不同学科要求下,相似原则能够在项目教学评价中有机地结合。

6. 灵活应用

在实际项目教学评价中,需要具有一定的灵活性。根据具体的项目特点和学科需求,调整横向融合的方式,以确保评价体系既综合又具有针对性。

通过以上方法,横向融合相似原则可以更好地促成不同原则之间的协同作用,为生成式人工智能时代的项目教学评价提供更全面、更具适应性的指导。

(三)纵向整合不同层级原则

纵向整合不同层级原则是在构建项目教学评价原则体系时,确保不同层级之间协同发挥作用的关键步骤。以下是纵向整合不同层级原则的一些方法和策略。

1. 层级间逻辑关联

确保不同层级原则之间存在逻辑上的关联。例如,将数字直观可操作性作为基础层级,它可以提供实时数据反馈,为高层级原则如成果实效性提供支撑,确保各层级之间的关系是有机而合理的。

2. 层级递进

设计一个递进的层级结构,确保每个层级都在前一层级的基础上发展。例如,成果适用性可能建立在数字直观可操作性和使用者主导性的基础之上,形成一个逐步递进的评价层级。

3. 层级交叉指标

在不同层级的原则中设立一些交叉指标,以确保它们之间的协同。这样,一个层级的评价结果可以直接影响其他层级,形成一种纵向的有机关系。

4. 共享数据平台

设计一个共享数据平台,使不同层级的数据可以相互流通。这有助于确保高层级原则的评估结果能够基于基础层级的数据进行综合分析。

5. 综合评价机制

建立一个综合评价机制,将不同层级的评价结果有机地结合在一起。例如,通过综合各层级的得分权重,形成最终的项目教学评价结果。

通过以上方法纵向整合不同层级原则可以更好地促使项目教学评价在不同层级上协同发挥作用,确保评价的全面性和深度。

另外,整合与协调也要求将不同维度的原则在评价体系中形成相互支持、相互促进的关系。例如,数字直观可操作性和使用者主导性原则之间可以相互补充,通过数字化工具提供直观的评价结果,同时保证学生能够主动参与评价过程。这种协同效应使教学评价更贴近学生的需求,提高教学过程的质量和效果。

在整合与协调的实际操作中,教师和教育管理者扮演着关键角色。他们不仅需要理解传统评价原则的重要性,也要熟悉生成式人工智能技术的特点,并能够将二者合理结合。同时,通过培训和专业交流,教师们能够更好地理解并应用这一评价体系,从而更好地引导学生的学习与发展。

综上所述,通过整合传统与新技术的评价原则,我们能够更好地应对当今不断发展的教育需求,为学生提供更全面、有机的学习体验。这一过程不仅是教育体系的升级,更是对教学质量和学生成果的深刻关注,为未来教育的持续发展奠定坚实的基础。

第三节　基于生成式人工智能的项目
教学评价量表的形成

基于生成式人工智能的项目教学评价量表应该兼顾项目的多个维度,包括学生的项目表现、创造性发挥、团队协作及对生成式人工智能技术应用等。

一、量表各维度比例建议

从综合性的角度出发,建议将基于生成式人工智能的项目教学评价量表划分为以下几个维度,并为每个维度提供相对比例的建议,如表 5-10 所示。

表 5-10　项目教学评价量表维度划分

评价维度	评价指标	评价内容	分值比例
项目表现(40%)	项目理解与分析	考查学生对项目目标和任务的理解及深度分析能力	15%
	技能与知识运用能力	评估学生是否能将专业技术与学科知识应用于项目中解决问题	25%
创造性发挥(20%)	创新性思维	考核学生在解决问题时是否有独特见解和创意性的解决方案	10%
	提出新颖观点	评价学生是否能够为项目带来新颖的思考和观点	10%
生成式人工智能技术应用(30%)	工具使用主导性	考查学生对生成式人工智能技术的主导程度	10%
	技术应用能力	考查学生对生成式人工智能技术的学习与应用能力	10%
	技术应用成果	能够准确识别生成式人工智能技术应用中的问题并解决	10%
团队协作(10%)	协作能力	评估学生在团队中的合作与沟通能力	5%
	团队贡献	观察学生在团队中是否能够为整个团队作出积极贡献	5%

这样的设计兼顾了项目表现、创造性发挥、团队协作和技术应用等多个方面,确保全面评价学生在生成式人工智能项目中的表现。在这个多维度的评价体系中,项目表现体现学生在实际操作中的熟练程度,创造性发挥则考查学生在问题解决和创意表达方面的能力,团队协作能力的考量有助于培养学生在协同工作中的沟通与合作技能,而技术应用方面则突出了学生对生成式人工智能技术的实际应用水平。不同维度的权重可根据具体项目的特点和目标进行调整,以适应不同情境和要求。这种灵活性使评价体系更具针对性,能够更好地反映学生在生成式人工智能项目中的多方面表现,促进全面素质的培养。

需要特别指出的是,在使用评价量表前有两个否决性评判指标——意识形态评判和人工智能伦理评判,它们通常用于评估项目的道德、伦理和社会影响,以及其与特定意识形态的关联性。这两个评判指标具有否决性的评判意义,若学生作品中出现违反的现象,则对其作品与学习的评价进行一票否决。

这两个评判指标强调了项目在意识形态和人工智能伦理方面的责任和义务。评估项目时需要考虑这些方面,以确保教学项目的设计和实施符合伦理标准,并且能够促进学生的全面发展和社会责任感。

二、项目教学评价量表

从项目教学评价原则体系出发,综合考虑不同维度的原则元素,对其在项目教学评价中的地位与作用进行衡量,得出详细的项目教学评价量表,如表 5-11 所示。

表 5-11　详细的项目教学评价量表

一级指标	二级指标	三级指标	评价内容	等级标准与得分			
				优秀	良好	中等	及格
项目表现 (40%)	项目理解与分析(15%)	对项目目标的理解(5%)	准确把握项目的核心目标和要求	5	4	3	2
		任务深度分析(7%)	对项目任务进行深度分析,挖掘问题的关键点	7	5	3	2
		提出问题的质量(3%)	是否能够提出具有启发性和挑战性的问题	3	2	1	0
	学科知识应用(25%)	知识准确性(10%)	在解决问题中运用专业知识的准确性	10	8	7	6
		实用性(10%)	能否将学科知识应用于解决实际问题	10	8	7	6
		创新性运用(5%)	在项目中是否展示了对学科知识的创新运用	5	4	3	2
创造性发挥 (20%)	创意提案与设计(10%)	创意深度与广度(5%)	提案中的创新思路是否深刻,是否具备广泛的涵盖面	5	4	3	2
		设计合理性(3%)	提案中的设计方案是否合理,是否能够解决项目中的核心问题	3	2	1	0
		创新性表达(2%)	提案的表达方式是否具备独创性,是否能够引起兴趣	2	1	0	0
	提出新颖观点(10%)	观点创新性(5%)	学生的观点是否与现有观点截然不同,并有深度理解	5	4	3	2
		观点实施可行性(5%)	学生提出的观点是否能够在实际项目中付诸实践,是否具备实际可行性	5	4	3	2

续表

一级指标	二级指标	三级指标	评价内容	等级标准与得分			
				优秀	良好	中等	及格
生成式人工智能技术应用（30%）	工具使用主导性（10%）	技术操作合理度（5%）	学生对生成式人工智能工具的操作是否熟练、准确	5	4	3	2
		技术应用合理性（5%）	学生对不同生成式人工智能技术的应用范围	5	4	3	2
	技术学习能力（10%）	接受学习新技术的能力（7%）	能否根据项目需求快速接受与学习新技术	7	5	3	2
		解决问题的效果（3%）	学生的技术应用方案是否解决了项目中的实际问题	3	2	1	0
	技术应用成果（10%）	技术问题识别（4%）	学生是否能够准确识别生成式人工智能技术应用中的问题	4	3	2	1
		技术问题解决能力（6%）	学生对技术问题的解决效果和方法	6	4	3	2
团队协作（10%）	团队协作能力（5%）	沟通能力（2%）	学生与团队成员之间的沟通是否及时、清晰	2	1	0	0
		协调能力（3%）	学生在团队中是否能够有效协调工作，解决分歧	3	2	1	0
	团队贡献度（5%）	任务分工与完成度（3%）	学生是否按照任务分工完成工作，任务完成度如何	3	2	1	0
		团队合作精神（2%）	学生在团队中是否表现出积极的合作态度，是否愿意分享经验和资源	2	1	0	0

这个量表作为高职数字创意类专业的基于生成式人工智能技术的项目教学评价量表，不仅适用于数字创意类专业，还可以在各个相关学科与综合项目教学中进行教学评价。其独特性在于突出了生成式人工智能技术的应用，并通过多维度评价体系全面考查学生的综合素质。同时，该量表具有灵活性，可以根据不同学科的具体情况进行调整与修改，确保评价体系更贴近各专业的特点和教学目标。这种通用性和可调整性使该量表成为一个适用于多领域、多层次项目教学评价的有力工具，推动生成式人工智能技术在教育领域的广泛应用。

三、量表的信度分析

在构建基于生成式人工智能技术的项目教学评价量表时,确保其信度是评价体系健壮性的关键一环。量表的信度分析主要包括内部一致性和重测信度两个方面,信度与效度的概念来源于心理测量中关于测验(如关于能力、学绩、人格等测验)的可靠性和有效性的研究。通过这两个方面的评估,我们可以更全面地了解量表的稳定性和一致性。

首先,内部一致性是评价量表内各项指标或题目之间相互关联的程度。高内部一致性表明量表测量的是相同的概念或特质,使评价结果更可靠。问卷对每个概念的测量往往都要用一系列的条目,因此根据这些条目之间的相关性可以评价信度。

其次,重测信度关注同一受试者在不同时间或条件下的评分之间的一致性。采用同一个问卷在同一人群中先后测量两次,评价两次测量的相关性。它考查的是经过一段时间后问卷测量结果的稳定程度,重测信度越高,测量结果越一致,这也表明受测环境中日常随机因素的影响越小。

综合考虑内部一致性和重测信度,可以确保基于生成式人工智能技术的项目教学评价量表在不同层面上具备可靠性,为评价结果提供了更坚实的基础。这有助于提高评价工具的有效性和准确性,使其更好地服务于教学实践。

(一) 内部一致性分析

内部一致性是量表内各指标相互关联程度的度量,是确保不同指标能够协同工作的关键。

在这部分分析工作中,我们运用克隆巴赫系数(Cronbach's alpha)作为内部一致性的度量工具。克隆巴赫系数是一种常用的统计方法,假如将一个条目视为一个初始问卷,那么 k 条目问卷就相当于将 $k-1$ 个平行问卷与初始问卷相连接,组成了长度为初始问卷 k 倍的新问卷,k 条目问卷的信度系数为

$$\alpha = \frac{k}{k-1} \times \left[1 - \frac{\sum\limits_{i=1}^{k} s_i^2}{s_T^2} \right]$$

式中,k 为量表中问题条目数;s_i^2 为第 i 题得分的方差;s_T^2 为总得分的方差。克隆巴赫系数 α 代表了问卷条目的内部一致性。它等于所有可能组合的折半法信度系数的平均值。同时,许多问卷测量的内容包括多个领域,宜分别对其估算 α 系数,可以衡量量表内部各项指标的一致性水平,确保评价体系在内部结构上是

稳定和可靠的。[1]

克隆巴赫系数用于评估量表内部各项指标的一致性水平。该系数的取值范围在 0~1,越接近 1,表示内部一致性越高,各项指标之间的关联程度越强。通过对量表的实际数据进行统计分析,我们能够得到一个克隆巴赫系数来量化量表的内部一致性。

在评估生成式人工智能技术的项目教学评价量表时,我们特别关注克隆巴赫系数的结果。如果该系数高,说明量表各项指标在测量相同概念或特质时具有较强的一致性,增强了评价体系的可靠性。反之,如果该系数较低,可能需要进一步审查和修改量表,以提高其内部一致性。

1. 指标选择

在选择指标时,应确保它们涵盖评价的多个维度,如项目表现、创造性、技术应用和团队协作。这确保了评价的全面性和综合性。在生成式人工智能技术的项目教学评价中,指标的多维度设计是至关重要的,因为这样能够全面了解学生在项目中的表现和能力。

项目表现方面的指标可以包括学科知识的掌握程度、理论应用的深度,确保学生在项目中能够运用所学的学科知识。创造性方面的指标则关注学生在项目中是否能够提出独特的观点、采用创新的方法,从而培养其创造性思维。技术应用方面的指标涉及学生对生成式人工智能技术的理解和运用能力,确保他们能够有效地利用技术工具完成项目任务。团队协作的指标强调学生是否能够有效地与团队成员合作,共同达成项目目标。

通过这些多维度的指标,教育者和评估者能够更全面、客观地评估学生在生成式人工智能项目中的整体表现,为项目教学提供更有针对性和有效性的反馈,同时促进学生全方位的发展。这种综合性的评价方法有助于培养学生的多元技能,提升其在生成式人工智能领域的综合素养。

2. 统计分析

通过统计软件计算克隆巴赫系数,以反映量表内部一致性的强度。一般情况下,克隆巴赫系数在 0.7~0.9,就表明各项指标之间存在较强的内部一致性。最终,在基于 200 个样本的信度分析中,本量表的克隆巴赫系数达到了 0.87,证明本量表的信度符合预期。这说明量表内各个指标在测量学生在生成式人工智能项目中表现的一致性方面具有较高的可靠性。通过克隆巴赫系数的计算,我们能够确保量表在评价过程中对学生的各方面能力有相对一致的度量,提高了评价结果的信服力和准确性。这样的信度分析结果为进一步的

---

[1]　李灿,辛玲.调查问卷的信度与效度的评价方法研究[J].中国卫生统计,2008(5):541-544.

项目教学评价提供了可靠的基础,确保评价体系在实际应用中具备可信度。

3. 指标修订

若某个指标与其他指标关联性较低,可以考虑修订或移除该指标。这样的操作有助于提高整个量表的内部一致性,确保其更为可靠。在量表设计中,确保各指标之间存在一定的关联性是保障评价体系有效性的重要步骤。通过深入分析各指标之间的相关性,可以及时发现不符合整体测量目标的指标,从而有针对性地进行修订或移除。修订或移除关联性较低的指标,有助于提升整个评价工具的信度和准确性。这个过程需要谨慎进行,要充分考虑指标的实际意义和对学生能力的全面反映。通过精心的指标筛选和修正,确保量表内各项指标间的关联性更为紧密,从而加强评价体系的内部一致性,提高了测量的可信度。

对量表的内部一致性分析,我们借鉴了唐纳德·T. 坎贝尔(Donald T. Campbell)等人的理论研究,他们提出了内部一致性的统计度量方法,并明确指出高内部一致性对评价工具的有效性至关重要。例如,在学术表现中,如果量表中包括了课堂表现、论文写作和项目成果等多个指标,我们运用克隆巴赫系数来评估这些指标在学术表现这一维度上的内部一致性。当系数达到了预期范围,说明这些指标在评价学术表现时相互关联紧密,具有较高的内部一致性。这一分析有助于确保量表在特定维度上具有可信度,提高评价工具的准确性和信度。通过对内部一致性的深入研究,我们能够更好地理解评价工具的稳定性,为量表的设计和优化提供科学依据。

(二)重测信度分析

重测信度分析聚焦于在不同时间点或条件下的测量结果之间的相关性。这一分析是为了更好地理解量表在不同情境下的稳定性。通过对相同对象在不同时间或条件下的测量数据进行比较,我们能够评估量表的一致性和可靠性。如果两次测量结果之间存在高度相关性,那么量表在不同时间点或条件下的测量是相对一致的,具有较强的重测信度。这种分析有助于验证量表的持续有效性,确保其在不同情境下都能够稳定地反映测量对象的特征。通过关注重测信度,我们能够更全面地评估量表的可靠性,为评价工具的应用提供更为可信的基础。对问卷再测信度的评价进行分析时,当评估的变量是分类变量时,可用 Kappa 系数评估再测信度;当评估的变量是连续变量或等级变量时,则用基于方差分析的组内相关系数(intraclass correlation coefficient,ICC)评价问卷的再测信度。一般信度系数大于 0.75 表示再测信度很好,而低于 0.4 表示较差。[①] 这样的分析对

---

① 李灿,辛玲.调查问卷的信度与效度的评价方法研究[J].中国卫生统计,2008(5):541-544.

于量表的实际应用和长期监测具有重要意义，使量表更具实用性和稳定性。

1. 时间间隔选择

在选择时间间隔时，必须确保其足够长，以允许学生的认知和表现发生实质性变化。这样的时间间隔设计能够更准确地评估量表对学生变化的敏感度。较长的时间跨度有助于捕捉学生在认知、技能或态度方面的真实变化，而不受短期波动的影响。通过设置充足的时间间隔，我们能够更全面地了解学生在不同阶段的发展和学习过程中的变化趋势。这有助于提高重测信度的可靠性，使量表在不同时间点的测量结果更为可信。因此，在项目教学评价中，选择适当的时间间隔是确保量表评估学生长期表现和发展趋势的关键步骤，为评价工具的有效性提供了更具深度和可靠性的信息。

2. 重测方式

在进行重测时，应强调保持相同的评价条件和环境，以确保重测结果真实反映学生的变化。通过维持一致的评价条件，可以最大限度地排除外部因素对评估结果的干扰，使重测结果更具可靠性。这种方法有助于确保学生在不同时间点或条件下的表现变化能够被准确捕捉，从而更全面地了解量表在不同情境下的稳定性和敏感性。在选择时间间隔时，要确保足够长，以容许学生的认知和表现有所变化，从而更全面地评估量表的性能。这种重测信度分析的方法能够为项目教学评价体系提供更全面、可靠的数据，从而更好地指导和改进项目教学的实施。

3. 相关性分析

重测信度的核心是测验在不同时间点的得分应该高度相关。例如，假设我们在项目开始和结束时对学生的学术表现进行评价，通过比较两次评价结果的相关性，我们可以得知在项目进行过程中学生的学术表现是否有所提高。如果相关性较高，说明量表对于反映学生学术表现的稳定性较好。

由于考查的是同一批学生的学术表现，卡方检验认为两种测量结果具有一致性，因此可以使用 Kappa 指数来描述两种测量手段的一致性。我们做了两种不同间隔时长的重测试验：第一类是在同一项目学习阶段，间隔时长 1 周，量表的 Kappa 相关系数在 0.74，体现了较好的重测信度；第二类是在项目学习阶段的开始与结束，间隔时长为 6 周，量表的 Kappa 相关系数在 0.42，体现了项目学习前后学生的学习与技术表现有比较大的改变，符合预期。

通过这两个方面的信度分析，我们可以更全面地评估基于生成式人工智能技术的项目教学评价量表的可信程度，为量表的有效性提供有力的支持。同时，不断进行信度分析有助于不断优化和完善评价体系，确保其在实际应用中更为准确和可靠。

四、量表的效度分析

量表的效度是评价量表质量的关键要素,指的是量表是否真实、准确地测量了其所要测量的概念。在基于生成式人工智能技术的项目教学评价量表中,我们可以通过多个方面的效度分析来确保其质量。

信度的计算公式为

$$R_X = \frac{\sigma_T^2}{\sigma_X^2} = 1 - \frac{\sigma_E^2}{\sigma_X^2}$$

效度系数一般规定为与测量目标值的方差在总测量值方差中所占的比例,即效度系数为

$$V_x = \frac{\sigma_{T_x}^2}{\sigma_x^2} = 1 - \frac{\sigma_{T_0}^2 + \sigma_E^2}{\sigma_x^2}$$

式中,X 表示测量值;T 表示真实值;E 表示测量误差;$X = T + E$;$T = T_x + T_0$;T_x 是想要测量的目标值;T_0 是与测量目的不相关的系统性偏差;σ_x^2 表示每个测量值的方差;σ_E^2 表示测量误差方差;$\sigma_{T_x}^2$ 表示目标值方差;$\sigma_{T_0}^2$ 表示系统性误差方差;σ_X^2 表示总体测量值方差。$\sigma_{T_x}^2$ 是该式中的 σ_T^2 的一部分,因此效度高时信度一定高,但反过来就不一定了。[1]

首先,内容效度关注量表中的指标是否充分、准确地涵盖了要测量的概念。通过仔细审查量表的各项指标,确保其与项目教学目标和生成式人工智能技术特点相契合,可以增强内容效度。

其次,结构效度涉及量表中各项指标之间的关联性,以及这些关联是否符合理论构想。通过统计分析和因子分析等方法,可以评估量表在结构上是否合理,指标之间的关系是否符合预期。

最后,准确性效度强调量表是否能够准确地预测或反映学生在项目教学中的表现。通过与其他已有评价工具或实际学生表现的关联分析,可以验证量表的准确性效度,确保其真实地反映学生在生成式人工智能项目中的能力和水平。

通过综合考虑这些效度分析,可以确保基于生成式人工智能技术的项目教学评价量表在测量目标概念上具有可靠性和有效性。这有助于提高评价体系的科学性和实用性,从而更好地指导和改进项目教学。

(一)内容效度分析

内容效度是指量表中包含的项目是否充分涵盖了要评价的领域。在基于生成式人工智能技术的项目教学评价量表中,我们要确保其涵盖了学术表现、创造

---

① 李灿,辛玲.调查问卷的信度与效度的评价方法研究[J].中国卫生统计,2008(5):541-544.

性、技术应用和团队协作等多个维度。

1. 专家评审

通过专家评审,我们积极邀请相关领域的专业人士对量表进行仔细审查。专家的参与不仅是一项重要的质量保障措施,还能够为量表的优化提供有益的建议和意见。

专家们在各自领域拥有丰富的经验和专业知识,他们的独到见解有助于确保量表的内容涵盖面广泛,充分覆盖了生成式人工智能技术在项目教学评价中的关键要素。通过对指标的深入审查,专家们能够提供对每个指标是否切实反映学生在生成式人工智能项目中的表现的宝贵意见。专家评审还有助于验证量表的专业性和实用性,确保其在评价学生能力和项目教学质量方面具有高度的可信度。专家们的审查意见可以作为量表修订的基础,以满足不同学科、领域和项目特点的需求。

2. 目标一致性

保证量表中的每个项目与教育目标和项目任务设计的核心内容保持一致是确保量表效度的关键步骤。这意味着量表的设计应当紧密关联教学目标和任务要求,确保每个评价项目都直接涉及学生在生成式人工智能项目中应具备的关键能力和技能。

首先,量表中的项目应与教育目标一一对应,确保每一个目标都在评价体系中得到充分的反映。这种一致性有助于保障评价体系的全面性,使其更能真实地反映学生在生成式人工智能项目中所取得的成就。

其次,项目应与项目任务设计的核心内容保持一致。在量表设计过程中,需要深入了解项目任务的具体要求和关键技能,以便量表能够全面、准确地评估学生在这些关键领域的表现。通过与任务设计的核心内容保持一致性,量表能够更好地反映学生在实际项目中的能力和水平。

最后,确保量表中的每个项目都具备教育目标和任务设计的信息准确性和完整性,这对提高量表的效度至关重要。只有在量表项目与教育目标、任务设计的一致性基础上,我们才能更有信心地使用这一评价工具对学生综合能力进行全面评估。

3. 实证分析

通过结合实际项目案例,审查量表中的项目是否真实反映学生在生成式人工智能项目中的表现是一项关键的实证分析。这种实证分析通过将量表的评价项目与实际项目中学生的表现进行对比,旨在验证量表在实际应用中的有效性和真实性。

在实际项目案例中,我们能够观察学生在生成式人工智能任务中的具体行为和成果。通过将这些实际表现与量表中的评价项目进行比较,我们能够确定量表的项目是否能够全面、准确地捕捉学生在关键领域的能力和技能。

这种实证分析的优势在于它提供了对量表实际应用效度的有力支持。通过观察实际项目中学生的表现,我们能够更全面地了解量表是否足够贴近实际任务要求,以及是否能够有效地评估学生在生成式人工智能项目中的综合能力。

因此,结合实际项目案例进行实证分析是量表效度评估的一个重要步骤,有助于确保量表具有实际应用的可靠性和适用性。这种方法能够有效减少理论上的偏差,使评价工具更具有实用性和实际指导性。内容效度的理论基础主要源于内容分析的概念,即要测量的概念是否被充分覆盖。在学术表现这一维度上,通过专家评审,我们可以确保量表中的各项指标包括课堂表现、论文写作和项目成果等多个方面。同时,可以通过实际案例,比如学生在项目中的具体学术成果,来验证量表的内容是否充实。

(二)结构效度分析

结构效度是指量表中各项指标是否共同构成了其所要测量的概念。在构建基于生成式人工智能技术的项目教学评价量表时,需要确保各个指标在构建概念上的一致性。

1. 因子分析

通过因子分析,我们能够深入了解量表中各个指标之间的相关性,以确保它们能够共同构成所要测量的维度。因子分析是一种多变量统计方法,有助于揭示潜在的结构或因素,使我们能够更清晰地理解不同指标之间的内在联系。

因子分析的结果提供了各个因子与概念之间关系的明确解释。通过分析因子载荷,我们能够确定每个指标在哪个因子上具有较高的相关性。这有助于确认哪些指标共同反映了所测量的维度,以及它们在构成因子时所起的作用。在进行分析以前,必须先进行因子分析适合性的评估,以确定所获得的资料是否适合进行因子分析。

通过深入了解因子之间的相关性,我们可以消除冗余的指标,提高量表的简洁性和准确性。因子分析的结果还可以为后续的量表修订和优化提供有力的依据,确保所设计的评价工具更符合实际需求。

因此,因子分析在评价量表效度的过程中扮演着关键的角色,为我们提供了更深层次的指导,确保量表的各项指标在测量目标维度上具有合理的关联性。这种方法有助于确保量表的精确性和有效性,使其更符合实际的测量需求。[①]

---

① 张所帅.评价量表的内涵、特点及开发[J].教学与管理,2019(9):122-124.

2. 相关性分析

通过计算各个指标之间的相关性,我们能够确保它们在构建概念上是相关的,从而有助于防止冗余的指标,提高量表的效度。相关性分析是评估量表内部一致性和关联性的重要方法之一。

在这个过程中,我们通过统计方法计算指标之间的相关系数,如皮尔逊相关系数、斯皮尔曼秩相关系数等。相关系数的数值越高,表示两个指标之间的关联性越强。通过深入了解指标之间的相关性,我们可以排除那些在概念上过于相似或重复的指标,从而减少冗余度,使量表更加简明和有效。

高效的相关性分析有助于挖掘潜在的关系结构,确保所选指标在测量目标概念时具有合理的一致性。这对量表的设计至关重要,因为它能够提供关于指标选择的实用性建议,并为量表的优化提供指导。通过保证指标之间的相关性,我们能够建立更为可靠和有效的评价工具,确保量表在度量目标概念时具有较高的效度。

3. 构念一致性检验

通过实际实施,我们能够检验量表在评价学生在生成式人工智能项目中的表现时,各项指标是否在构建概念上是一致的。实际实施是评价工具效度的关键环节,因为它提供了对量表在真实场景中表现的直接观察和验证。

在实际实施中,我们将量表应用于真实的生成式人工智能项目中,收集学生的实际表现数据。通过对这些数据的分析,我们可以验证量表各项指标在构建概念上是否一致,即它们是否有效地捕捉到学生在项目中的表现。这种实际检验有助于确认量表是否具有足够的实际应用效度,能够真实地反映学生在生成式人工智能项目中的能力和表现水平。

通过实际实施的结果,我们可以识别潜在的问题并对量表进行必要的修订和优化。这种迭代的过程有助于不断提升量表的质量和效度,确保其在实际应用中具有可靠性和有效性。因此,实际实施是评价工具效度的重要步骤,为量表的实际应用提供了实质性的支持和验证。

结构效度的理论基础主要来自因子分析的概念,即要测量的概念应该是由相关联的指标共同构成的。要确定一个问卷的结构效度,则该问卷不仅应与测量相同特质或构想等理论上有关的变量高度相关,也应与测量不同特质或构想等理论上有关的变量低度相关。一般采用 KMO(Kaiser-Meyer-Olkin)检验来进行适合性分析,KMO 越大,则所有变量之间的简单相关系数平方和远大于偏相关系数平方和,因此越适合进行因子分析。在创新性这一维度上,通过因子分析我们可以了解到,创新性可能由项目中的独特创意、解决问题的独特方法等多个因子构成。通过相关性分析,我们可以确认这些因子之间的关系,确保它们在构建创新性概念上是一致的。

（三）准确性效度分析

准确性效度是指量表中的评价结果是否与实际表现相符。在基于生成式人工智能技术的项目教学评价中，确保量表的准确性尤为关键。

1. 与实际项目表现的对比

将量表的评价结果与实际项目表现进行对比，旨在验证评价工具的有效性和准确性。通过比较量表所得的评价结果与学生在实际项目中的表现，我们能够判断量表是否能够真实、全面地反映学生的能力和水平。

这一对比可以通过分析实际学生项目的成果、评审结果等来实现。首先，我们收集和整理学生在项目中的具体表现数据，包括项目成果、创新性、技术应用等方面的实际数据。其次，将这些实际数据与量表的评价结果进行对比，分析两者之间的一致性和相关性。

如果量表所得的评价结果与实际项目表现存在较高的一致性，即评价结果能够准确地反映学生在项目中的表现水平，那么量表就具有较好的准确性效度。反之，如果存在较大差异，就需要对量表进行检讨和修订，以提高其准确性和实用性。

这种对比分析是评价工具效度的关键步骤，通过验证量表在实际项目中的适用性，确保其能够有效地评估学生在生成式人工智能项目中的能力和表现。

2. 与其他评价工具的比较

对量表的评价结果与其他评价工具进行比较，是为了检验其在准确性上的相对优势。通过与现有评价工具进行对比，我们能够评估新开发的基于生成式人工智能技术的项目教学评价量表在测量学生能力和表现方面的优越性。

首先，我们需收集其他评价工具得到的相关数据，可以包括传统的教学评估工具、学科考试成绩或其他涉及学生表现的定量数据。其次，将这些数据与新开发的基于生成式人工智能技术的项目教学评价量表的结果进行比较。

如果新量表在与其他评价工具的比较中展现出更高的准确性、更全面的测量维度或更敏感的评估能力，那么可以认为它具有相对优势。这种比较分析有助于确定新量表的独特性和价值，为其在项目教学评价中的应用提供更有说服力的依据。

通过与其他评价工具的比较，我们能够更全面地了解新量表的性能，并从中获取关于其可靠性和有效性的信息。这有助于确保量表在实际应用中可信赖，满足项目教学的评价需求。

3. 实证研究

实施实证研究是为了通过大量的实际案例数据来验证量表的准确性。在这一过程中,可以通过追踪学生在项目中的实际表现,将其与量表的评价结果进行对比,以确保评价工具在实际应用中的有效性。

首先,需要建立一个丰富的实际案例数据库,其中包括学生参与生成式人工智能项目的详细信息,如项目成果、学术表现、创新性和团队协作等方面的数据。这些数据将作为实证研究的基础。

随后,通过对这些实际案例数据进行分析,可以比较学生在实际项目中的表现与量表所提供的评价结果之间的一致性。如果量表能够准确捕捉学生在项目中的真实表现,并且评价结果与实际案例数据一致,那么可以确认量表在实际应用中的准确性。

这种实证研究的方法有助于验证量表的实际效用,并提供具体的数据支持,使评价工具在项目教学中更具可信度。通过实际案例的追踪与比对,能够更全面地了解量表的适用性,为其在不同项目和教学环境中的应用提供科学的依据。

准确性效度的理论基础主要是从测量理论的角度出发,即测量工具应该能够准确地反映被测量对象的真实状态。在技术应用这一维度上,通过将学生在项目中运用生成式人工智能技术的实际效果与量表的评价结果进行对比,我们可以评估量表在准确性方面的表现。通过实证研究,可以验证量表在实际应用中是否能够准确地评价学生的技术应用水平。

基于生成式人工智能技术的项目教学评价量表的效度分析需要综合运用内容效度、结构效度和准确性效度的方法。通过专家评审、实例分析、因子分析、相关性分析、实证研究等手段,可以全面评估量表的质量,提高其在实际应用中的可靠性和有效性。

为了确保量表在实际项目教学中的有效性,建议在量表设计的早期阶段就进行内容效度的专家评审,不断修订和优化量表的内容。在后续的实施中,通过实际案例的分析,以及与实际项目表现的对比,监测量表的准确性。同时,通过因子分析、相关性分析等手段,确保量表在构建概念上的一致性,提高其结构效度。

这些效度分析的方法不是孤立存在的,而是相辅相成的。通过综合运用这些方法,可以更全面地了解基于生成式人工智能技术的项目教学评价量表的质量,为量表的持续优化和发展提供有力的支持。

第六章

过程监控与结果分析体系的构建方法

本章以生成式人工智能技术为特点的项目任务完成过程为研究对象,从"任务黑箱"阶段出发,探索过程监控体系的构建方法,提出建立完善的过程监控体系的需求。在具体操作上,建议加大阶段性成果的评价比例,采用人工智能工具监控任务制作过程,进行真实性算法评估。此外,通过反向分析学生完成作业的过程,借助表现性为主的评价方式、活动驱动型任务评价及群体研讨式任务评价等策略,来全面评价学生的生成式人工智能技术使用行为与结果。最后,强调了采用实践研究法,通过人工智能技术收集和分析学生数据,利用生成式人工智能技术生成评价报告和反馈的重要性。

第一节 从"任务黑箱"阶段视角探索 过程监控体系的构建方法

生成式人工智能技术的应用与评价,更倾向于考查学生的分析、综合、评价和创造能力。这种任务设计能够促使学生积极参与项目,充分发挥他们的创造潜力,培养出更具创新思维与解决问题能力的高职数字创意类专业人才。然而,我们也要承认,在生成式人工智能的"任务黑箱"阶段,由于数据处理和模型训练过程对学生来说是不可见的,因此评价任务的质量和学生的表现会有一定的难度。为了解决这个问题,我们需要构建完善的过程监控体系,以跟踪任务的整体进展和学生在任务中的表现。

在过程监控的基础上,我们还需要采用针对性的评价策略,根据项目的特点和目标,结合定量和定性的方法,综合考查学生的学习成果。这可以包括项目成果物的质量评估、学生在团队合作中的表现评价、对学生解决问题能力和创新能力的评估等。通过这样的综合评价方式,我们能够更全面、准确地评估学生在生成式人工智能任务中的能力表现,并为学生的综合素质发展提供有针对性的指导和支持。

项目任务制作阶段结构示意图如图 6-1 所示。

虽然生成式人工智能技术在任务评价中存在一定的困难,但通过构建完善

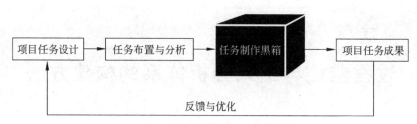

图 6-1　项目任务制作阶段结构示意图

的过程监控体系和采取有针对性的评价策略,我们能够克服这些困难,为学生的学习成果和能力发展提供有效的评价和反馈。

一、"任务黑箱"阶段的困难与应对策略

(一)什么是"任务黑箱"

"任务黑箱"阶段是指在项目任务执行过程中存在一定的信息封闭性,即无法直接观察、了解学生在任务执行中的具体细节和思考过程。这一阶段通常包括任务执行的具体操作、学生的协作互动、决策制定等无法被直接观察到的内容,形成了一个类似"黑箱"的状态。

"任务黑箱"阶段是项目任务执行中一个具有挑战性的阶段,因为在这个阶段,教师无法直接观察任务执行过程,包括任务执行的具体操作、学生之间的协作互动,以及决策的制定等一系列无法被直接感知到的内容,使任务执行的过程充满了未知和不确定性。

在"任务黑箱"阶段,教师可能无法深入了解学生是如何应对问题的、他们在协作中扮演了什么角色,以及在生成式人工智能技术应用上的具体操作等关键信息。这使在评价学生表现和技术应用时面临一系列的挑战,也使教师在引导学生、调整教学策略等方面变得更为困难。

(二)"任务黑箱"阶段的评价困难分析

"任务黑箱"阶段作为项目任务执行的核心阶段之一,其评价存在深层次的挑战,主要体现在信息不透明性的挑战、贡献量化难题的挑战及生成式人工智能技术应用评估的复杂性等方面。

1. 信息不透明性的挑战

"任务黑箱"阶段的信息不透明性源于学生在具体任务操作、协作互动、决策制定等方面的难以观察性。这使教师难以准确获取学生在任务中的实际表现和深层次思维过程。以一个虚拟团队的跨学科项目为例,项目涉及软件开发和创

意设计,学生在"任务黑箱"阶段需要协同完成一个应用程序的设计与开发,以及一个创意设计的成果。在这个过程中,学生在虚拟团队中的沟通、问题解决、角色分工等情况难以被直接观察,因此教师很难准确判断每个学生在任务中的表现。

2. 贡献量化难题的挑战

在协作任务中,学生的贡献通常是相互交织的,而且贡献的评估难以量化。学生的具体贡献程度往往难以客观衡量,使教师难以判断个体学生在任务中的真实贡献和影响。以一个社会科学与人工智能跨学科项目为例,项目要求学生通过社会科学研究的角度来分析并提出 AI 在某一领域的应用方案。在这个过程中,学生可能因为对社会科学研究方法的不同理解而导致在团队中的表现差异,而这种差异在"任务黑箱"阶段是不易被量化和准确评估的。

3. 生成式人工智能技术应用评估的复杂性

在采用生成式人工智能技术的任务中,评估学生对该技术的实际应用程度往往比较复杂。由于"任务黑箱"阶段学生与生成式人工智能技术的互动不可见,教师难以准确评估学生是否有效地利用了人工智能工具。以一个数据分析与机器学习项目为例,学生需要运用机器学习算法对大量数据进行分析,并提出相应的结论。在这个过程中,学生的算法选择、参数调整等对任务的影响不容忽视,但这些在"任务黑箱"阶段难以直接观察,使教师对学生生成式人工智能技术应用的评估存在困难。

(三)应对评价困难的策略

在"任务黑箱"阶段,评价涉及学生在任务执行中的具体细节和思考过程,面临着信息不透明、贡献量化难题及生成式人工智能技术应用评估的复杂性等困难。为应对这些困难,需要采用一系列策略来提高评价的准确性和全面性。

1. 引入阶段性任务成果评价

在"任务黑箱"阶段,学生的实际表现往往通过任务成果得以体现。教师可以加大对阶段性成果的评价比例,通过这些成果来推断学生的表现。例如,对学生提交的文档、报告、设计稿等进行详细评估。通过任务成果的质量和深度评价,教师可以初步了解学生在任务中的实际贡献和思考。

2. 借助协作工具数据

协作工具如团队协作平台、在线沟通工具等会产生大量有关学生协作过程的数据。教师可以借助这些数据,通过分析团队协作平台的记录、学生的交流内容等,来了解学生在任务中的贡献情况。这为教师提供了一定的客观依据,可以使用虚拟协作平台对学生进行监控。通过查看平台上的讨论记录、任务分工情况,教师可以初步了解学生在任务中的参与度、沟通方式及团队协作的效果。

3. 采用综合评价方法

引入多元化的评价方法,包括学生自我评价、同伴评价等,综合判断学生的表现。通过不同角度的反馈信息,可以更全面地了解学生在"任务黑箱"阶段的实际表现情况。学生在任务结束后进行自我评价,同时互评其他团队成员的贡献。这些自评和互评的结果可以作为评价的一个重要参考,帮助教师全面把握学生在任务中的表现。

4. 设计可追踪指标

在任务设计阶段,合理设置可追踪的学生行为和思考指标,以便在任务执行中更好地获取学生的实际表现。这些指标可以是学生在协作平台上的活跃度、提出问题的深度、对团队决策的参与度等。例如,在一个跨学科的项目中,教师可以设定一个指标,要求学生每周至少在协作平台上发表一次与其专业领域相关的问题或见解。这样的指标有助于跟踪学生的主动参与程度。

5. 开展任务回顾与学生展示

在"任务黑箱"阶段后安排任务回顾与学生展示的环节,通过学生对任务的回顾及对自身表现的展示,教师可以更深入地了解学生在任务中的思考和实际操作。学生在小组会议上进行任务回顾,分享个人在任务中的经验、遇到的问题及解决方案。这不仅帮助教师了解学生在任务中的思考,也促进了学生之间的经验交流。

通过这些策略的综合运用,教师可以在一定程度上克服"任务黑箱"阶段评价的困难,使对学生表现的评价更为准确和全面。这些策略的灵活运用可根据具体任务的特点进行调整,以更好地应对任务黑箱阶段评价的深层次挑战。

二、过程监控体系的构建

在项目教学中,特别是涉及生成式人工智能技术的项目,构建有效的过程监控体系对提高教学质量和评价学生表现至关重要。过程监控体系的构建旨在深入了解学生在任务执行的各个阶段的表现,解决"任务黑箱"阶段的评价困难问题。

(一)阶段性成果评价比例的提升

在生成式人工智能技术应用的项目教学中,提升阶段性成果评价的比例对监控学生的学习过程和生成式人工智能技术的应用十分有效。

1. 讨论教师在项目制作过程中的评价比例设置

在项目制作的不同阶段，教师需要权衡整体项目的评价比例，以确保全面评估学生的学习过程和生成式人工智能技术的应用情况。这涉及对每个阶段的教学目标和学生任务的理解，从而确定评价比例的合理性。

例如，在项目的初期阶段，学生可能更注重对任务的理解和生成式人工智能技术的初步应用。因此，教师可以设置较高的阶段性成果评价比例，以便更全面地了解学生对项目背景和技术工具的掌握情况。这可以通过阶段性的小组展示、任务书写、概念图绘制等方式进行评价。

随着项目的进行，评价比例可以逐渐调整。在中期，学生可能已经开始深入应用生成式人工智能技术，并着手解决实际问题。这个阶段，评价比例可以适度降低，注重对学生实际应用能力和解决问题的创新性的评价。例如，可以加强对算法设计、数据处理、模型训练等方面的评估。

到了项目的最终阶段，评价比例可以再次调整，强调学生的综合表现和成果展示。这时，教师可以更注重项目报告、演示、答辩等方式，综合评价学生对生成式人工智能技术的深度理解和应用水平。

2. 强调阶段性成果评价对生成式人工智能技术的使用的监控意义

阶段性成果评价的提升不仅仅是对学生的学习过程进行监控，更是对生成式人工智能技术的使用情况进行有效监控。这对确保技术工具的合理应用和学生在生成式人工智能项目中的技术成熟度至关重要。

在初期阶段，教师可以关注学生对生成式人工智能技术的基本掌握情况，通过阶段性成果评价了解学生是否能够正确使用技术工具，对数据的预处理、模型的选择等是否有清晰的思考。

在中期，监控生成式人工智能技术的实际应用成为关键。教师可以通过任务书写、项目中期检查等方式，评估学生在实际问题中是否能够灵活运用生成式人工智能技术解决复杂问题。

到了最终阶段，评价的焦点可以放在学生对生成式人工智能技术的创新应用上。教师可以通过项目演示、答辩等方式，深入了解学生是否能够在项目中展现出对生成式人工智能技术的深度理解和创造性运用。

通过强调阶段性成果评价，教师可以更全面地监控学生的学习过程，及时发现问题并给予指导。同时，对生成式人工智能技术的监控也有助于确保学生在项目中合理、创新地应用这一关键技术，从而提高整体教学效果。

（二）人工智能工具在任务制作过程的监控中的应用

在生成式人工智能技术应用的项目教学中，运用人工智能工具进行有效监控与数据收集可以确保学生充分利用生成式人工智能技术并获取实时反馈。

1. 探讨人工智能工具的种类与选择

在任务制作过程中,不同类型的项目可能需要不同种类的工具,因此教师需要在选择工具时谨慎考虑项目的特点。

(1) 实时协作工具。一些在线平台和工具允许学生实时协作,如 Google Docs、Microsoft Teams 等。这类工具可以记录学生在协作中的互动和决策过程,为教师提供观察学生协作能力和团队合作的机会。实时协作工具的使用例子可以是学生共同编辑项目文档,讨论技术细节,或共同解决问题。

(2) 版本控制系统。在编程或技术开发项目中,使用版本控制系统(如 Git)有助于追踪学生对代码的修改和合并,提供了对技术应用的细致监控。版本控制系统可以记录学生每次的提交和注释,使教师能够追溯学生在项目中的具体贡献。例如,学生通过 Git 提交的代码可以清晰地反映出他们对生成式人工智能技术的使用。

(3) 项目管理工具。Trello、Asana 等工具可以用于任务的分解和学生工作的跟踪。通过这些工具,教师能够查看学生的任务完成情况,了解项目的进度,也能留意学生在任务管理中展现的组织和计划能力。学生无论是拖延任务还是高效地完成任务都可以通过这些工具得以体现。

通过综合使用这些工具,教师可以多维度地监控学生在任务制作过程中的表现,更好地理解他们的学习状态和技术应用情况。

2. 强调人工智能监控对生成式人工智能技术的量化评价

人工智能监控不仅能够提供丰富的信息用于教师对学生的定性评价,还能为生成式人工智能技术的量化评价提供支持。量化评价对确保学生对生成式人工智能技术的应用达到一定水平至关重要。

(1) 技术使用频率。通过监控工具,教师可以了解学生对生成式人工智能技术的实际使用频率。这包括技术工具的使用次数、对算法的调整和实验的次数等。例如,如果学生在项目中反复使用某个算法进行优化,教师就能够观察到学生对技术的深度理解和灵活运用。

(2) 任务完成质量。通过实时协作和版本控制系统,教师可以评估学生的任务完成质量。在生成式人工智能技术应用中,这包括模型的准确性、对数据的处理方法、算法的改进等。监控这些方面可以帮助教师对学生的技术水平进行精准的量化评价。

(3) 问题解决速度。通过项目管理工具,教师可以追踪学生解决问题的速度。在生成式人工智能项目中,快速而准确地解决技术问题表明学生对技术工具的熟练运用。如果学生在使用生成式人工智能技术时遇到问题并能够及时解决,这也反映了他们的问题解决能力。

通过强调人工智能监控对生成式人工智能技术的量化评价,教师可以更全面地了解学生的技术应用水平,确保他们在项目中的学习效果。这种量化评价不仅有助于指导学生的学习,也为教学提供了有力的数据支持。

(三)真实性算法评估在任务成果评价中的运用

在基于生成式人工智能技术的项目教学中,对任务成果的真实性进行算法评估是保障学术诚信和确保学生充分运用生成式人工智能技术的重要环节。以下给出一些具体举措和实例来详细说明这一过程。

1. 使用水印标识或作业完成者标记

真实性评估的第一步是确保学生提交的任务成果是他们自己完成的工作。为此,可以使用水印或标记来标识作业的完成者。这可以通过在文档、代码或其他项目成果上嵌入学生的个人信息或特定标记实现。例如,学生的姓名、学号或特定的标识符可以被嵌入项目文档的元数据中,从而在评估时可以清晰地辨认出学生的贡献。假设学生甲和乙合作完成一个基于生成式人工智能技术的项目。在项目报告的元数据中,甲和乙的姓名与学号被嵌入为水印标识。这样,即使两位学生的工作混合在一起,教师仍能准确地辨认出每位学生的贡献。

2. 精准定位、区分和描述内容完成者及其贡献

在任务成果中,学生可能共同贡献了一部分,也可能有各自独立完成的部分。评估时需要精准定位、区分和描述每位学生的具体贡献。这可以通过在文档中进行标注、在代码中添加注释或在项目报告中详细描述的方式实现。如果项目包括文档和角色造型作品,教师可以要求学生在文档中注明每位成员的贡献部分,并在造型中使用注释标识出每个学生的创作部分。这样,教师在评估时能够准确了解每位学生的工作范围。

3. 利用聚类分析、主题抽取等方法评估创新内容的比例

为了评估生成式人工智能技术的使用程度,可以运用数据分析方法,如聚类分析和主题抽取来识别和量化项目中的创新内容。这些方法可以帮助教师理解项目的关键技术亮点,以及每位学生在其中的具体贡献。假设学生团队利用生成式人工智能技术开发了一个语音识别系统。通过对项目文档和代码进行聚类分析,可以识别出不同的技术模块和创新点。通过主题抽取,可以确定每位学生在哪些创新点上发挥了关键作用,从而量化其在生成式人工智能技术应用方面的贡献。

4. 按照评价标准指标对生成式人工智能技术的使用行为与结果进行评价

评价过程应根据预先设定的评价标准指标对生成式人工智能技术的使用行

为和结果进行综合评价。这些指标可能包括技术的创新性、技术的正确性和有效性、对生成式算法的理解程度等方面。设定评价标准,如模型的准确性、算法的创新性、对生成式算法的调整和优化等,教师可以根据这些标准对学生的技术使用行为和结果进行定量和定性评估,确保评价的全面性和客观性。

通过以上举措,真实性算法评估过程能够确保对生成式人工智能技术的使用进行准确而全面的评价,同时保障学术诚信。这不仅有助于学生在项目中充分发挥技术水平,也为教师提供了科学和可靠的评估依据。

三、各种评价策略的选择与使用

(一)逆向分析策略

从学生完成作业的过程逆向分析是一种有效的评价方式,可以帮助教师更好地了解学生的作业完成情况,进而调整教学策略,提高教学质量。

1. 观察学生的作业完成过程

教师可以通过观察学生的作业完成过程,了解学生的解题思路、技能掌握程度和思考问题的方式。教师可以对学生的作业进行定期检查,并在必要时进行个别辅导,以帮助学生更好地完成作业。

2. 收集学生的作业反馈

教师可以通过收集学生的作业反馈,了解学生对知识点的掌握程度和作业中存在的问题。教师可以通过课堂提问、小组讨论、作业批改等方式,收集学生的反馈,以便更好地了解学生的学习状况。

3. 组织学生展示作业成果

教师可以组织学生展示自己的作业成果,以便更好地了解学生的作业完成情况。例如,教师可以组织一次作业展示活动,要求学生展示自己的作品或报告,并邀请其他学生进行点评和讨论。通过这种方式,教师可以了解学生的创意程度、技术水平、表达能力等。

4. 引导学生反思作业完成过程

教师可以引导学生反思自己的作业完成过程,以便更好地了解学生在完成作业过程中的问题。教师可以通过组织小组讨论、撰写反思报告等方式,引导学生对自己的作业完成过程进行反思,从而提高学生的自我认知和自我调整能力。

从学生完成作业的过程逆向分析,需要教师观察学生的作业完成过程、收集学生的作业反馈、组织学生展示作业成果和引导学生反思作业完成过程等多种方法相结合。通过这些方法,教师可以更好地了解学生的学习状况,调整教学策略,提高教学质量。

（二）表现性评价策略

表现性评价在数字创意类专业的项目教学中具有重要的应用价值。通过评价学生在作品创作过程中的表现,教师可以全面了解学生的学习状况,激发学生的学习动机,提高教学质量。

1. 设定明确的主题和评价标准

在动漫设计课程中,教师可以根据课程目标和教学内容设定一个明确的主题,如"未来科技与生活"。同时,教师需制定明确的评价标准,包括创意程度、技术水平、故事情节等方面。明确的主题和评价标准有助于学生明确学习目标,有针对性地进行作品创作。

2. 观察学生的创作进度和设计思路

在作品创作过程中,教师可以通过观察学生的创作进度,了解其在项目中的投入程度。同时,教师还可以观察学生的设计思路,了解其在创作过程中的思考方式和创意来源。通过这些观察,教师可以全面了解学生在项目中的表现。

3. 评价学生的技术运用能力

在数字创意类专业的项目中,技术运用能力是评价学生作品质量的重要指标。教师可以通过观察学生在作品创作过程中所运用的技术,如绘画技巧、动画制作软件等,了解其在技术方面的掌握程度。

4. 分析学生的作品内容

在评价学生作品时,教师需关注作品的故事情节、角色设定、情节发展等方面,以了解学生在创意方面的表现。教师可以对学生的作品进行深入分析,挖掘其潜在的创意和价值。

5. 要求学生撰写创作心得

教师可以要求学生在完成作品创作后撰写一篇创作心得,分享自己在作品创作过程中的心得体会、创意来源、创作困境及解决方案等。通过学生的创作心得,教师可以更深入地了解学生的学习状况,为其提供有针对性的指导。

6. 组织作品展示和点评活动

在作品创作完成后,教师可以组织一次作品展示和点评活动,邀请其他学生和教师对学生的作品进行点评和讨论。通过这种方式,教师可以了解学生作品在创意和技术方面的表现,为学生提供有针对性的指导。

总之,在数字创意类专业的项目教学中,表现性评价可以通过设定明确的主题和评价标准、观察学生的创作进度和设计思路、评价学生的技术运用能力、分析学生的作品内容、要求学生撰写创作心得和组织作品展示和点评活动等方式,全面了解学生在项目中的表现,激发学生的学习动机,提高教学质量。

(三)活动驱动评价策略

活动驱动评价策略适用于数字创意类专业项目中的各类技术竞赛或项目实践,具体运用方法如下。

1. 确定活动目标和评价标准

在组织游戏制作比赛等活动之前,教师需要确定活动目标和评价标准,以确保活动与课程目标和教学内容相符合。评价标准应包括学生在游戏设计、编程、美术等方面的能力,如创意程度、技术水平、团队协作等。

2. 鼓励学生积极参与

教师应鼓励学生积极参与活动,并提供必要的指导,帮助学生解决在活动中遇到的问题和困难。同时,教师还应鼓励学生互相交流、互相学习,提高学生的团队协作能力和创新能力。

3. 观察和分析学生的表现

在活动过程中,教师可以通过观察学生的表现,了解学生在游戏设计、编程、美术等方面的能力。教师还可以对学生的作品成果进行分析,了解学生在技术运用、创意程度等方面的表现。通过观察和分析,教师可以为学生的表现提供有针对性的反馈和建议。

4. 给予学生充分的展示机会

在活动结束后,教师可以组织作品展示或汇报等活动,让学生充分展示自己的作品和成果。通过这种方式,教师可以了解学生的创意程度、技术水平、表达能力等,也可以为学生提供一个展示自己的平台和机会。

5. 激励学生持续进步

活动驱动型评价不仅关注学生的表现和成果,更注重激发学生的兴趣和动力,促进学生的持续进步。教师应给予学生积极的反馈和鼓励,帮助学生建立自信心,激发其学习动力和兴趣。

综上所述,活动驱动型评价在数字创意类专业项目中具有重要的作用。通过确定活动目标和评价标准、鼓励学生积极参与、观察和分析学生的表现、给予学生充分的展示机会和激励学生持续进步等方式,教师可以全面了解学生在游戏设计、编程、美术等方面的能力,提高教学质量和学生的实际操作能力。

(四)群体研讨策略

群体研讨策略是一种以学生为主体、注重团队协作和批判性思维的评价方式,在数字创意类专业的项目教学中主要可以有以下几种方式。

1. 设定明确的主题和评价标准

在课程总结或项目评估中,教师需要设定明确的主题和评价标准,以便学生有针对性地进行展示和讨论。评价标准应包括设计作品的创意程度、技术水平、团队协作、沟通能力等方面。

2. 组织学生展示作品

教师可以组织学生展示自己的设计作品,让学生分享自己在项目中的心得体会。展示作品的形式可以多样化,如 PPT、演讲、海报等。展示过程中,学生应充分表达自己的设计思路、技术应用和心得体会。

3. 引导学生进行讨论和评价

在学生展示作品后,教师应引导学生进行讨论和评价。其他学生和教师可以针对展示作品进行提问、讨论和评价,从而全面了解学生的设计思路、技术应用和沟通能力等。讨论和评价过程中,教师应鼓励学生积极参与,充分表达自己的观点和看法。

4. 总结和反馈

在群体研讨式评价结束后,教师应对学生的表现进行总结和反馈。教师可以针对学生在设计作品、团队协作、沟通能力等方面的表现给予肯定和指导,帮助学生发现自己的优点和不足,为今后的学习提供参考。

5. 培养学生的批判性思维

在群体研讨式评价中,教师应鼓励学生进行批判性思考,敢于提出自己的观点和看法。通过批判性思维的培养,学生可以更好地发现和解决问题,提高自己的创新能力。

群体研讨式评价在数字创意类专业的项目教学中具有重要的作用。通过设定明确的主题和评价标准、组织学生展示作品、引导学生进行讨论和评价、总结和反馈及培养学生的批判性思维等方式,教师可以全面了解学生在设计作品、团队协作、沟通能力等方面的表现,提高教学质量和学生的综合素质。

第二节　借助"AI＋"技术构建评价结果分析体系

项目教学的评价重视过程性评价,过程性评价通常需要收集大量的评价数据,评价过程比较复杂,需要更多的人力和时间投入。人工智能技术可以将教师从繁重的数据收集与分析工作中解放出来,教师可以利用机器学习技术,根据预设的评估标准、收集的数据,训练出一个适合本课程的模型,从而获得具备课程特性的人工智能评价助手。

一、"AI＋"评价助手的建设

利用经过训练的人工智能模型,即"AI＋"评价助手来收集和分析学生的数据,有助于获取更全面和客观的信息,如学习行为、作业完成情况、测验成绩等;有助于从这些数据中提取有效的信息和模式,实现对学生的全面评估。

(一)模型训练:机器学习模型在项目教学中的训练过程

"AI＋"评价助手的核心在于机器学习模型的训练,这一过程是确保助手能够准确、全面评估学生在项目任务中表现的关键。模型训练的关注点主要包括数据准备、特征选择、模型选择和训练过程中的监督。

首先,数据准备是模型训练的基础。在项目教学中,需要收集学生在任务执行过程中产生的各类数据,包括但不限于文字表述、多媒体资料、团队协作记录等。这些数据将构成模型的输入,为提高模型的准确性,教育者需要保证数据的质量和多样性。通过标注和清洗数据,可以降低模型学习到的噪声,使其更好地适应实际项目教学的复杂场景。

其次,特征选择是为了从庞大的数据中提取对评估学生表现有关的关键信息。这涉及识别和选择与学术表现、创新性发挥等目标相关的特征。在项目教学中,可能涉及学科特定的关键词、协作频率、决策路径等特征,通过这些特征,模型能够更好地理解学生在项目中的行为和表现。

模型选择是指选择适用于具体项目教学场景的机器学习算法。根据任务的性质和评价的目标,可以选择分类、回归或聚类等不同类型的模型。贝叶斯知识跟踪作为一种用户建模方法,常被应用于智能教学系统。例如,Eagle 等在传统贝叶斯知识跟踪模型中插入学生个体参数,基于学生的活动数据来预测其在智能教学系统中学习和表现的个体差异权重。主要的建模工作分为两个步骤:使用标准贝叶斯知识跟踪结合数据和贝叶斯定理来预测学生知识,生成可能性的标签;训练模型,使用更广泛的特征集来预测标签数据。[①] 同时,需要考虑模型的可解释性、训练效率和对不确定性的处理能力。这一步骤需要综合考虑教学需求、数据特点及模型的适应性。

最后,监督是指在模型训练过程中提供真实标签(groundtruth)以指导模型的学习。这需要在教学过程中进行有效的评估和反馈,将教师的专业判断作为标签反馈给模型,以弥补模型可能存在的偏差。通过不断迭代、调整模型参数,

① 余明华,冯翔,祝智庭.人工智能视域下机器学习的教育应用与创新探索[J].远程教育杂志,2017,35(3):11-21.

使其逐渐适应特定的项目教学环境。

（二）全面评估：模型如何实现对学生全面评估的功能

一旦机器学习模型完成训练，其在项目教学中的全面评估功能将展现出来。全面评估意味着模型能够多维度、多层次地分析学生在项目任务中的表现，包括学术表现、创新性发挥、团队协作等方面。

首先，模型可以对学术表现进行评估。通过分析学生在项目中的文字表述、论述逻辑、专业术语的运用等，模型能够自动评估学生在学科知识方面的掌握程度。这对传统的主观评价方式来说是一种重要的补充，能够提供更客观、量化的指标。

其次，模型可以评估学生的创新性发挥。通过识别学生在项目中的创意点、独特见解，模型可以为学生的创造性思维提供评价。这有助于发现学生在项目中的独特贡献，为个性化指导提供依据。

最后，团队协作是项目教学中另一个重要的方面，模型同样可以在这一层面进行评估。通过分析学生在团队中的协作行为、对话内容，模型能够评估学生在合作与沟通方面的表现。这种全面评估有助于教师更好地了解学生在团队协作中的角色与贡献。

总体而言，"AI＋"评价助手通过机器学习模型的训练和全面评估功能，提供了一种更为全面、客观、高效的评价手段。在实际项目教学中，可以结合模型评估结果与教师的专业判断，形成更为综合、科学的评价体系，为学生提供更有针对性的指导和反馈。这种"AI＋"评价助手的建设有望成为未来教育评价领域的创新路径，为项目教学提供更加智能化的支持。

二、利用生成式人工智能自动生成评价报告和反馈

利用生成式人工智能的生成能力可以自动生成评价报告和反馈，为学生提供有针对性的指导和建议。通过分析学生的数据和综合能力，还可以避免主观偏见和主观性评价带来的问题。生成式人工智能的生成能力还可以通过自然语言处理和机器学习等技术，将评价报告和反馈表达得更加清晰和具体。通过生成文字描述、图表和可视化等形式，使评价结果更易理解和接受。

（一）生成评价报告

生成评价报告的过程涉及多个步骤，包括自然语言处理、机器学习、文本生成等关键技术。而针对数字创意类专业的项目教学，生成评价报告的过程需要考虑学生的创造性表现、技术应用、团队协作等方面。以下是利用生成式人工智能技术生成学生评价报告的一般方法。

1. 数据收集和准备

收集学生在项目中的作品、设计文稿、技术文档及教师的评价反馈等数据，这一过程构建了训练模型的基础，确保模型能够深刻理解数字创意领域的专业术语和项目特点。通过学生的实际作品和文档，模型可以学习不同项目中的创意元素、技术应用和设计理念。

项目作品提供了多样化的信息，包括图像、文本和可能的多媒体元素，这有助于模型更全面地理解数字创意的复杂性。同时，收集的设计文稿和技术文档可以为模型提供详细的项目背景和专业性的信息，使其能够更准确地理解学生在数字创意项目中所涉及的领域知识。

教师的评价反馈是另一个关键的数据源，它提供了专业教育者对学生表现的深入见解。这样的反馈不仅可以帮助模型理解项目质量和创新程度，还有助于捕捉学生在团队协作和个人技能方面的表现。

通过综合利用这些数据，训练模型得以建立一个全面而深入的认知框架，使其能够更好地支持学生在数字创意项目中的学习和创作。这种数据驱动的方法有助于提高模型对项目背景和学科特性的理解，从而更有效地辅助学生的学习过程。

2. 自然语言处理(NLP)与专业词汇分析

自然语言处理(natural language processing, NLP)是人工智能(artificial intelligence, AI)的一个重要分支，主要用于让计算机理解并生成人类语言。自然语言处理技术使人们能够与计算机进行更为自然的交互，利用 NLP 技术对收集到的数据进行语义分析，旨在识别和理解数字创意领域的专业词汇和表达方式。[1] 通过这项技术，系统可以深入挖掘学生作品、设计文稿和技术文档中的语言信息，从而更全面地了解项目的专业特点。

NLP 技术可以帮助系统抽取文本数据中的关键信息，识别特定领域的术语和术语之间的关系。在数字创意项目中，这种分析有助于系统准确理解项目的创意元素、技术细节和设计理念。通过对语义的深入理解，系统能够更好地理解学生在项目中的实际表现，从而更精准地生成评价报告。

这样的语义分析还可以确保生成的评价报告符合数字创意领域的专业标准和要求。系统能够捕捉并保留专业术语的语境，确保评价具有专业性、准确性和丰富性。通过 NLP 技术，系统得以提高对数字创意领域语言的敏感度，使评价报告更具深度和专业性。这进一步提高了系统在数字创意项目评价中的可靠性

---

① 郝立涛,于振生.基于人工智能的自然语言处理技术的发展与应用[J].黑龙江科学,2023,14(22): 124-126.

和实用性。

3. 创意性评估

运用机器学习算法对学生的创意表现进行评估,包括设计独创性、创意思维、艺术性表达等方面。在这个过程中,模型需要学习并适应与专业标准相符的创意评价指标。

机器学习模型通过训练数据学习创意的特征和模式,建立对创意的理解和评估能力。这可能包括学习艺术作品中的形式元素、设计决策、创新思维流程等。通过大量的样本数据,模型能够捕捉创意表现的多样性和复杂性,进而建立对创意质量的预测模型。

在训练过程中,模型需要对专业标准中定义的创意评价指标进行学习。这可能包括对独创性的理解、对创意思维模式的把握,以及对艺术性表达的感知。通过与专家评估的数据相结合,机器学习模型可以逐渐提高对创意表现的准确性和精度。

在实际评估中,机器学习算法能够快速、自动地对学生的创意作品进行分析和评价,提供及时反馈。通过不断迭代和调整,模型可以不断优化其创意评估能力,使其更符合专业标准,并为教育者提供更有价值的评估工具。这样的方法能够有效支持数字创意项目中对学生创意表现的客观、全面评价。

4. 技术应用评估

在数字创意类专业中,技术应用的评估至关重要。机器学习模型在这方面的任务包括分析学生的技术文档、编程代码、实际应用等,以评估技术应用的深度、广度及创新性。

首先,模型需要对学生提交的技术文档进行语义分析,以理解其中所涉及的技术概念、方法和实现细节。通过深入解析文档中的专业术语和技术架构,模型可以建立对学生技术水平和理解程度的认知。

其次,对学生编写的代码进行评估是技术应用评价的关键环节。机器学习算法需要能够识别代码的质量、逻辑结构、算法设计等方面的特征。这可能涉及对编码规范的遵循、模块化设计的程度及创新性编程思维的识别。

最后,对实际应用的评估需要模型考虑学生的项目成果在实际场景中的表现。这可能包括应用的稳定性、用户体验、创新性解决方案等方面。通过综合考量学生在实际项目中的技术应用情况,模型能够提供对技术能力的全面评价。

机器学习模型通过分析技术文档、代码和实际应用,可以为数字创意类专业提供更全面、客观的技术应用评估。这有助于教育者更好地理解学生的技术水平,为他们提供有针对性的指导和反馈,推动他们在数字创意领域的技术发展。

5. 团队协作评估

在团队合作的项目中,机器学习模型能够评估学生在团队中的协作表现,包括沟通、分工、解决冲突等方面。这种评估有助于生成关于团队协作的详细评价内容。

首先,模型可以通过分析团队成员之间的沟通方式来评估协作表现。这可能包括在项目管理工具上的交流、共享文件、会议记录等。通过识别积极的沟通模式和有效的信息分享,模型可以评价学生在团队协作中的积极性和有效性。

其次,分工在团队协作中至关重要。机器学习算法可以分析项目中不同成员的贡献、任务分配情况,以评估学生在团队合作中的责任担当和协同工作能力。这有助于理解每个成员在项目中的具体贡献。

最后,解决冲突是团队合作中常见的挑战,模型也可以通过分析团队成员之间的合作历史、冲突解决记录等,来评估学生在处理团队内部问题时的能力。识别并评估学生在解决团队内部冲突时所采取的策略和效果。

通过全面考量沟通、分工、冲突解决等多个方面,机器学习模型为团队协作提供了客观而全面的评价。这有助于教育者更好地了解学生在协作环境中的表现,为他们提供有针对性的团队协作技能培养和发展建议。

6. 情感分析

由于数字创意类项目可能涉及情感表达,模型需要进行情感分析,以更全面地理解学生在作品中表达的情感色彩。

首先,情感分析可以帮助模型识别和理解学生作品中蕴含的情感元素。通过分析文本、图像或其他创意媒体中的语言、色彩、表情等因素,模型能够辨别并捕捉作品中所传达的情感信息。这使评价更为深入,能够考查学生在数字创意项目中所展现的情感表达能力。

其次,情感分析还能够评估学生对不同情感的处理和运用。通过检测作品中的情感强度、变化趋势,模型可以洞察学生在创作中如何巧妙地运用情感元素,展示出对情感表达的敏感度和创意性。

最后,在情感分析方面,NLP 技术可自动识别并分析文本中所表达的情感及情绪。通过使用情感词典、机器学习及深度学习技术,识别文本中的情感极性(如积极、消极或中性)及情感的细粒度分类(如喜悦、愤怒、悲伤等)。通过深入了解学生在项目中的情感表达,评价者能够更全面地了解作品背后的动机和目的,从而提供更有针对性的反馈和指导。

综合情感分析,机器学习模型能够为数字创意项目提供更为精准、深入的情感评价,帮助教育者更好地理解学生在情感表达方面的表现,为个性化的教学和指导提供有益信息。

7. 生成评价报告内容

在获取上述详细的分析结果后,模型能够启动生成评价报告的过程。这一报告将涵盖创意、技术应用、团队协作等方面的具体评估,以及针对每个学生的个性化建议。

首先,对创意方面的评价,模型将结合 NLP 技术对文本、图像等进行语义分析,深入挖掘学生作品中的独创性、创意思维和艺术性表达。通过机器学习算法,模型会量化这些方面的特征,为每个学生的创意表现提供客观而具体的评估。

其次,针对技术应用,模型会分析学生的技术文档、代码和实际应用情况。通过考查技术的深度、广度及创新性,模型将为每位学生的技术能力做出综合评价,并在报告中提供相应的反馈,以便指导学生更好地发展和运用技术技能。

团队协作的评价中主要需要考查学生在沟通、分工、解决冲突等方面的团队协作表现,这一维度的评价将为学生在协作能力上的发展提供见解,并为团队中个体的贡献和合作方式提供详尽的分析。

最后,模型将结合情感分析的结果,揭示学生在作品中表达的情感色彩。这有助于评价者更深入地理解学生在项目中的情感表达能力,为评价报告添加更为细致入微的情感评估。

通过个性化的建议,模型能够为每个学生提供具体的成长方向和改进建议,使教育者能够更有针对性地引导学生在数字创意项目中不断提升自己的创造力、技术水平和团队协作能力。这种个性化的评价报告有助于更有效地促进学生的全面发展。

8. 可视化展示

在评价报告中,通过采用图表、作品截图等可视化方式,可以更生动地呈现某些评价信息,提高学生对评价结果的理解。通过图表,可以清晰展示学生在创意、技术应用和团队协作等方面的得分分布,让学生一目了然地了解自己的优势和提升空间。此外,作品截图可以直观地展示学生的具体成果,让评价更具体和实际。

通过可视化手段,评价报告的信息更易于被学生接受和理解。例如,使用雷达图表展示学生在不同维度上的得分,以形象地展现其综合表现;又或者通过时间轴呈现学生在项目过程中的成长历程,让学生能够直观地看到自己的进步。这样的可视化呈现不仅提高了评价报告的信息传达效果,还增强了学生对自身表现的认知。

总体而言,可视化在评价报告中的运用使抽象的评价信息更加生动、直观,为学生提供了更具体、更深入的反馈。这种形式的评价不仅有助于激发学生的学习动力，也为他们更清晰地制订个人成长计划提供了有力支持。

9. 个性化调整与反馈机制

依据每个学生的独特表现，生成式模型能够进行个性化调整，以确保评价报告更贴近学生的实际情况。这种个性化调整基于模型对学生表现的深度理解，能够更准确地捕捉学生的优势、成长点和潜在潜力。通过个性化评价，学生能够获得更具针对性的反馈，更好地理解自己在创意、技术应用等方面的特点。

与此同时，系统集成了反馈机制，为学生提供改进的具体建议。这种机制不仅能够强调学生在哪些方面做得出色，也能够明确指出需要改进的地方，并提供具体的行动建议。这样的反馈机制不仅是对学生的指导，也是对教育者的支持，促使学生更有针对性地进行学习和提升。

通过个性化调整和系统集成的反馈机制，生成式模型为学生提供了更加细致入微的评价服务。这种个性化评价不仅能够更好地满足学生的学习需求，也有助于激发他们的学习兴趣和动力，推动个体化学习的发展。

通过以上步骤，生成的数字创意类专业项目教学评价报告能够更全面、客观地反映学生在创意、技术和团队协作等方面的表现，为学生提供更有针对性的指导和建议。

（二）个性化反馈

个性化反馈是为每个学生提供与其个体差异和学习需求相符的具体建议和指导。在数字创意类专业项目教学中，个性化反馈可以根据学生的创意表现、技术能力、团队协作等方面进行定制。以下是实现个性化学生反馈的一些关键步骤。

1. 收集学情数据

必须收集与每位学生相关的详细数据，其中包括过去的作品、项目参与经历、学术表现及个人兴趣等信息。这些数据构成了个性化反馈的基础，为生成式模型提供了丰富而全面的学生背景信息。通过深入分析这些数据，模型能够更全面地了解每个学生的强项、成长轨迹和特质。

这一阶段的数据收集也涵盖了学生的学术记录、参与过的项目及展示过的作品。这些信息是生成式模型评估学生综合表现的依据，有助于模型更准确地捕捉学生在学术、创意和技术方面的潜力。同时，个人兴趣的收集也有助于模型理解学生的动机和志趣，为个性化反馈提供更深入的参考。

综合考虑学生的过去经验和学术历程，生成式模型可以更有针对性地定制个性化反馈，使其更符合学生的实际需求和发展方向。这种基于全面数据的个性化方法有助于提高评价的准确性和实用性。

2. 设定学习目标

与学生一同设定个性化的学习目标是通过多个维度进行自我评估、教师评估和项目要求的方式来实现的。这个过程旨在确保个性化反馈与学生的学习目标保持一致，从而更有效地引导学生的学术和职业发展。

学生和教师的评估将提供关于学生当前水平和潜在成长领域的信息。通过与学生讨论他们对自己学业的看法及教师对其表现的观察，可以更全面地理解学生的需求和目标。同时，项目要求作为具体的学习任务，也为学生设定明确的学习目标提供了指导。

确保个性化反馈与学生的学习目标相一致，有助于激发学生的学习动机，使其更加专注于实现个人目标。通过共同制定这些目标，学生能够更清晰地了解自己的发展方向，教师可以更精准地提供支持和建议。这种协同设定个性化学习目标的方法有助于营造积极的学习氛围，促使学生更有自主性和更有动力地追求个人成长。

3. 匹配技能和兴趣

通过分析学生的技能水平和兴趣爱好，可以确保个性化反馈不仅仅关注学科知识，还聚焦于学生在数字创意领域的个人特长和潜力。这种分析涉及对学生过往的作品、项目经历及表现的深入了解。

首先，对学生的技能水平进行分析，包括其在相关学科和技术领域的掌握程度。这有助于识别学生在特定技能或领域中的强项和成长空间。通过了解学生的技能水平，教师可以为其提供更具针对性的建议，帮助其进一步发展和巩固现有技能。

其次，对学生的兴趣爱好进行分析，包括其在数字创意领域的个人偏好和热情。了解学生对哪些方面表现出更大的兴趣，可以为个性化反馈提供更有深度和个性化的建议。这种关注学生兴趣的方式有助于激发学生的学习兴趣，使其更好地投入数字创意项目中。

通过将技能水平和兴趣爱好结合起来分析，个性化反馈可以更全面地考虑学生的个体差异。这种关注学生个人特长和潜力的方式有助于建立积极的学习体验，同时也能够更好地引导学生在数字创意领域实现个人的职业和创作目标。

4. 创意评价标准

对学生的创意作品进行详细评估时，需要综合考虑数字创意项目的特点，涵盖审美、创新性、技术应用等多个方面，以确保评价标准符合专业要求。这种评估涉及对学生作品的深入分析和全面考查。

首先，审美评价应关注作品的视觉效果、设计布局和艺术表达。考虑到数字创意的特殊性，对颜色搭配、排版设计、视觉吸引力等方面进行综合评估，确保作品在审美上达到专业水准。

其次,创新性评价要注重作品是否展现出独特性、前瞻性和创意思维。关注学生在数字创意项目中的独特创意,包括对问题的独到见解、创新的解决方案等,以确保作品具有创新性和独特性。

技术应用评价需要考查学生在项目中运用的技术工具和方法,包括代码实现、软件运用、数字设计等方面。确保学生的技术应用达到项目要求,并在专业领域展现出一定水平。

综合以上评价要素,建立全面的评价标准,确保评估的公正性和专业性。这有助于为学生提供有针对性的反馈,引导其在数字创意项目中不断提升审美水平、拓展创新思维、精进技术应用。

5. 了解学习风格

通过深入了解学生的学习风格,如视觉学习者或听觉学习者等,可以个性化反馈方式,从而更好地提高学习效果。对视觉学习者,可以采用图表、图像和视觉化工具,以直观的方式呈现学习成果和建议。而对于听觉学习者,可以通过语音反馈、解释性的讲解或音频提示,使其更容易理解和吸收信息。

个性化反馈还可以考虑学生对不同类型反馈的偏好。有些学生可能更喜欢书面反馈,因为他们通过文字更容易理解和消化信息。在这种情况下,提供详细的文字评价和建议可以更好地满足其需求。而另一些学生可能更愿意接受口头反馈,因为这对他们更直观和有趣。因此,采用口头方式进行讲解和评价可能更适合这部分学生。

综合考虑学生的学习风格和反馈偏好,提供多样化、个性化的反馈方式,能够更精准地满足学生的需求,提高他们的学习体验和效果。这种个性化的关注有助于建立更有效的教学与学习连接。

6. 个性化建议

通过对学生数据的深度分析,为每个学生提供具体、实用的个性化建议,以全面推动其学业发展。这些个性化建议可以涵盖多个方面,包括学科知识的深化、技术应用的拓展及团队协作技能的加强。对学科知识的深化,系统可以根据学生在特定领域的强项和弱项,提供有针对性的学习材料和资源,以帮助其更全面地掌握相关知识。

在技术应用方面,系统可以根据学生的技能水平和兴趣,推荐进阶的学习内容和实践项目,促使其在生成式人工智能技术领域取得更深入的理解和应用。此外,针对团队协作技能的加强,系统可以提供专门设计的团队合作项目或培训,以锻炼学生在团队环境中的沟通、协调和领导能力。

这些个性化建议不仅要基于学生的学术表现,还需结合其兴趣、学习风格和职业规划,以确保建议的贴合度和实用性。通过这种方式,个性化建议成为一个有针对性的导向,帮助每个学生更好地发展自己的学术和职业路径。

7. 时间管理和学习计划

依据学生的学习进度和需求,系统可以向其提供有关时间管理和学习计划的具体建议,旨在确保学生更好地组织学习时间,提高学习效率。这些建议包括制订个性化的学习计划,考虑到学生的学科特长、难点和个人兴趣。系统还可以根据学生的学习节奏和习惯,提供合理的时间分配方案,帮助其更好地利用每个学习时段。

此外,系统还可以推荐一些时间管理工具和学习方法,以帮助学生更有效地完成任务和项目。通过这些建议,学生能够更有条理地规划学业,合理安排学习时间,提高学习效果,使其在生成式人工智能项目中更为成功地实现学术和职业目标。

8. 反馈形式多样化

为满足不同学生的接受习惯和学习风格,系统可以采用多种形式呈现个性化反馈,包括文字、图表、视频等。通过文字形式的反馈,系统可以详细说明学生的优势、改进点及具体的建议,为其提供深入的指导。图表形式的反馈则可以通过可视化展示学生在不同方面的表现,使得评价结果更加清晰易懂。而视频形式的反馈则具有生动直观的特点,可以通过演示、示范等方式更直接地传达信息,符合视觉学习者的学习特点。

通过提供多样化的反馈形式,系统能够更全面地满足学生的个性需求,使其更容易理解和接受评价结果。这种灵活性不仅有助于提高学生对反馈的接受度,也能更好地支持不同学科和项目中的个性化学习体验。

9. 反馈周期

制定合理的反馈周期是确保学生及时获得反馈信息并能够迅速调整学习策略的关键。系统应当设定一定的时间框架,确保学生在项目进行的不同阶段都能够得到及时的个性化反馈。短周期的反馈有助于学生快速了解自己的表现,及时纠正错误,提高学习效果。较长周期的反馈可用于更全面地评估学生在整个项目中的发展和进步。

通过设定合理的反馈周期,系统能够更好地支持学生的学习过程,促使其在项目中不断调整和提升自己的表现。这种精心设计的反馈机制有助于培养学生的自主学习能力,使其更好地适应不同阶段的学习任务。

10. 互动沟通机制

确立有效的师生互动沟通机制对个性化反馈的成功实施至关重要。建议教师积极鼓励学生提出问题和表达需求,以确保沟通畅通无阻。可以通过多种方式进行沟通,包括面对面的讨论、在线平台上的留言或即时聊天等。此外,为激发学生更多地提问和表达需求,教师可以营造开放、支持性的学习环境,让学生可以自由表达自己的疑惑和期望。

建立良好的师生互动沟通机制有助于教师更好地了解学生的学习状态、需求和困惑,为个性化反馈提供更精准的信息。同时,这也促进了学生的参与感和学习动力,使其更愿意在学习过程中积极与教师互动。通过及时调整个性化反馈,教师可以更好地满足学生的学习需求,推动他们在生成式人工智能项目中取得更好的成绩。

通过上述策略,个性化反馈在满足学生个体差异方面发挥了积极作用。首先,通过深入了解学生的学科背景、学习风格和兴趣爱好,教师能够为每个学生量身定制个性化反馈,确保其在数字创意专业项目中得到更有针对性的学习支持。其次,建立良好的师生互动沟通机制,使学生更加自由地提出问题和表达需求,有助于个性化反馈更准确地捕捉到学生的实际学习情况。

通过这些努力,学生能够获得对其学术表现和创造性发挥的具体指导,从而更好地适应数字创意类专业项目的学习要求。个性化反馈的精准性和及时性有助于激发学生的学习兴趣和动力,提高其在项目中的投入度和表现水平。综合而言,以上策略的综合应用使个性化反馈成为促进学生成功完成数字创意专业项目的重要支持手段。

第七章

案例分析

在本章中,我们会在动漫设计专业的游戏美术概念设计课程中选取一个项目教学的案例进行分析,来说明基于生成式人工智能技术的项目教学评价体系应该如何发挥作用。

第一节 案例选择与背景

一、项目选取标准

在选择动漫设计专业的游戏美术概念设计项目时,我们明晰了一系列的选取标准,以确保项目具有代表性、创新性,并能够成功融合生成式人工智能技术,为学生提供有挑战性的实践机会。

(一)融合生成式人工智能技术的项目

在当今数字创意领域,融合人工智能技术成为推动创新的关键。在选择项目时,我们注重项目的技术含量,确保学生能够通过与生成式人工智能技术的结合,提升设计效率、拓展创意边界,具体标准如下。

1. 技术整合度

项目需具备整合生成式人工智能技术的可能性,如利用 AI 算法进行角色特征分析、创意元素推荐等,以提高设计的智能性和个性化。

2. 技术创新点

项目需在技术上有一定创新点,不仅能够运用已有技术,还需能够引入新颖、先进的生成式人工智能技术,使学生在项目中能够接触到最新的科技应用。

3. 学科交叉

通过项目,鼓励学科之间的交叉应用,使动漫设计专业的学生在项目中能够与传播学、品牌运营学、人工智能等领域进行有效合作,提高跨学科的实际应用能力。

（二）具有代表性和创新性的案例

为确保项目的教学效果和实际应用，我们选择了一个具有代表性和创新性的案例，即为《原神》中的热门角色"胡桃"设计与中国著名东方茶饮品牌"霸王茶姬"联名的皮肤，具体标准如下。

1. 角色知名度

选择一个在目标受众中具有高知名度和受欢迎程度的游戏角色，以确保学生的设计得到更广泛的认可和关注。

2. 品牌合作

联名设计与著名品牌"霸王茶姬"的合作，旨在通过项目中的合作实践，锻炼学生与品牌合作的能力，为其未来职业发展奠定基础。

3. 文化元素融合

项目中融入中国东方茶文化元素，通过对传统文化的理解与创新，引导学生在设计中加入独特的文化内涵，实现东西方文化的交流与碰撞。

二、案例项目简介

本案例项目旨在通过学生参与设计著名游戏《原神》中角色"胡桃"的联名款皮肤，结合中国著名东方茶饮品牌"霸王茶姬"的元素，突出生成式人工智能在游戏美术概念设计中的创新应用。

（一）项目背景与挑战

《原神》作为一款全球热门的开放世界游戏，拥有庞大的玩家基础。设计一个具有创意、独特并能引起玩家共鸣的角色皮肤，对提升游戏体验至关重要。同时，与著名品牌"霸王茶姬"合作，要求设计融入该品牌元素的联名款皮肤，增加了设计的难度。

（二）生成式人工智能工具的应用

在这一项目中，生成式人工智能工具的应用时机主要是在设计创意的阶段。学生们将通过使用生成式人工智能工具，如图像生成模型、风格迁移算法等，来快速生成各种可能的设计方案。这些工具可以根据融合"霸王茶姬"元素的要求，自动生成多样化的设计构想，在为设计师提供灵感的同时，保留设计的创新性。

在项目中，生成式人工智能工具的应用程度是全面的。学生将利用生成式人工智能工具进行角色外观的风格探索、颜色搭配，甚至是角色与"霸王茶姬"元素的巧妙结合。生成式人工智能工具在制作阶段的应用,不仅大幅提高了设计效率,也拓展了设计的可能性。

(三)项目预期效果

通过生成式人工智能工具的辅助,学生能够在有限的时间内提供更多富有创意的设计方案。这不仅有助于培养学生的创新能力,也符合数字创意领域对高效设计的需求。生成式人工智能工具的智能辅助,将为学生提供更广阔的设计空间,促使他们在数字创意领域取得更为出色的成就。

第二节　项目过程与学生表现

一、项目执行阶段

(一)需求澄清与背景研究

在项目执行阶段初期,学生团队与游戏开发方和"霸王茶姬"品牌进行充分的沟通,明确设计要求和融入元素的方式。同时,对《原神》中的角色"胡桃"进行深入研究,了解其性格、特点及玩家群体的喜好。

图 7-1 是两个创意来源的素材图。

图 7-1　霸王茶姬与"胡桃"素材

胡桃是游戏《原神》中的超高人气角色,她的服饰源自唐朝,和历史有着很大的关联。她有着开朗的性格,让人不自觉地被她吸引。俏皮活泼的性格中又带着一丝沉稳,作为往生堂的堂主,她是一个具有中国历史特色的角色。

霸王茶姬是一款主打以"以东方茶,会世界友"的东方茶饮品牌,在中国的茶饮市场中获得了较高的知名度,成为消费者喜爱的品牌之一。

（二）生成式人工智能工具的介入

在明确需求后，学生团队将生成式人工智能工具 ChatGPT 等引入设计过程。利用图像生成模型 Midjourney，学生可以输入关键词、元素要求，生成式人工智能将迅速提供多个创意方案。在这个阶段，工具的智能性质使设计师能够快速获取灵感，挖掘出更加独特的设计点子。

运用生成式人工智能技术结合头脑风暴来深入分析主题，以识别其中的关键元素，如昆剧《霸王别姬》中的绒球式头冠。首先，通过生成式人工智能技术，可以对主题进行多维度的解析，挖掘与绒球式头冠相关的关键信息，包括头冠的设计特征、在剧情中的象征意义及与角色个性的关联等方面。

在头脑风暴中，团队成员可以集思广益，通过集体讨论和创意碰撞，深入挖掘绒球式头冠（图 7-2）的独特之处，可以涉及头冠的历史渊源、文化背景，以及在昆剧表演中的技术应用等方面的讨论。

图 7-2　六绒球式头冠素材

这种综合方法不仅能够挖掘关键信息，还能够激发团队创意，有助于形成更加全面而丰富的理解，推动主题解析的深入发展。在分析主题元素之间的关联和可能的组合后，最终选定胡桃的国风装扮与霸王茶姬的昆剧元素作为最主要的元素关联。

（三）初步设计与评审

在生成式人工智能技术的支持下，学生团队进入初步设计阶段。在这个阶段，设计团队利用生成式人工智能技术产生多个创意草图，以满足"霸王茶姬"品牌的要求。生成式人工智能在这里可以提供创意灵感、设计建议，帮助团队迅速生成多样化的设计方案。

在初步设计的过程中，团队将通过内部评审和与行业专业人士的交流，对创意草图进行筛选。这个评审阶段的目的是确保设计方案既具备创新性，又符合市场需求。生成式人工智能的辅助可以在评审中提供额外的参考和建议，从而帮助团队更全面地考量每个设计方案的优劣。

　　通过结合生成式人工智能技术和团队内外的评审机制,学生在初步设计阶段能够更高效地生成并筛选设计方案。这不仅有助于确保设计的创新性和市场适应性,还提升了团队的设计效率和质量。

　　图 7-3 是利用生成式模型(Stable Diffusion)生成的角色图像的初稿。

图 7-3　生成式模型(Stable Diffusion)生成的角色图像初稿

　　在评审中发现,各主题元素的表达存在不清晰的问题,而且色彩与主题要求不相符。为解决这些问题,评审团要求设计团队结合主题元素,调整生成的外貌特征,并进行修图。这一过程旨在确保设计方案更符合主题要求。

　　评审团认为,在元素表达不清晰的情况下,通过调整外貌特征和修图的方式可以提高设计的清晰度和可识别性。同时,确保色彩与主题相符是保持设计一致性和吸引力的关键因素。通过要求重新生成图并进行修图,设计团队可以更好地满足主题的视觉要求,使设计更加贴近主题的整体氛围。

　　整合主题元素、调整外貌特征、修图等步骤的执行,有助于解决评审中指出的问题,提升设计方案的质量,使其更符合主题要求和期望。这样的调整和优化是确保设计与主题一致、有吸引力的关键步骤。

　　图 7-4 是经过修图与一次调整迭代后的画稿。

(四)精化与生成式人工智能的反复应用

　　在确定初步设计后,学生团队将进行设计的精化工作。生成式人工智能工具在这一阶段将得到反复的应用,以不断优化设计方案。这个阶段涉及工具的迭代使用,允许学生在相对短的时间内获得大量不同方向的设计选择。

　　通过生成式人工智能工具的迭代,学生能够快速生成并比较多样化的设计方案。工具的反复应用有助于细化和完善每个设计选择,使其更符合项目

图 7-4　修图与一次调整迭代后的画稿

的要求。学生可以通过生成式设计的方法,灵活应对不同的创意方向,从而更好地满足项目的多样化需求。

　　这个过程中,生成式人工智能技术充当了设计优化的有力助手,通过不断生成、修改和比较设计方案,促使学生在设计过程中获得更丰富的经验,提高设计方案的质量和创意水平。通过这种方式,学生能够更高效地推动项目的进展,并在设计中体验到生成式人工智能技术的价值。图 7-5 是经过二次迭代与关键词调整后的画稿。

图 7-5　二次迭代后的画稿

　　在指导教师、团队内部和与行业专业人士的再次评审后,从众多方案中最终挑选了以下设计方案,如图 7-6 所示。

图 7-6　最终概念图方案

（五）制作与技术实现

在确定设计方案后,学生团队开始制作联名款皮肤的标准三视图。生成式人工智能在这一阶段的作用逐渐减弱,但其提供的设计思路和创意仍然影响着最终成品。学生通过综合运用数字绘画、建模等技术,将设计转化为可实现的游戏皮肤。

尽管生成式人工智能在具体制作标准三视图的过程中减弱了其直接参与程度,但它在设计阶段提供的创意和思路仍然在背后发挥作用。学生团队可以借助数字绘画和建模技术,将生成式设计的理念转化为实际可呈现的标准三视图。

数字绘画和建模技术的综合运用使学生能够将设计方案转换为游戏皮肤的具体形态。通过这一过程,学生将设计思想转变为实际可实现的产品,同时确保其符合游戏皮肤的标准要求。这一阶段标志着生成式人工智能的影响逐渐过渡到数字创意和技术工具的实际运用,促使学生将设计概念转变为创意实现。图 7-7 就是本项目最终皮肤标准三视图效果。

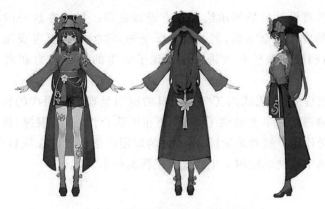

图 7-7　最终皮肤标准三视图效果

完成皮肤设计后,学生团队将其展示给相关方进行反馈。生成式人工智能工具在这一阶段虽然不再直接应用,但在过程中得到的设计灵感和反馈将为未来的项目提供宝贵的经验。

二、学生表现与成果

在项目执行阶段,学生团队展现了出色的团队协作能力和创意发挥潜力。生成式人工智能工具在项目不同阶段的应用为整个过程增色不少。

(一)团队合作与人工智能工具运用

学生在项目执行阶段展现了出色的团队协作能力。生成式人工智能工具在团队形成初期为成员提供了丰富的设计灵感,促进了他们之间的积极交流和合作。通过工具生成的多样化设计方案成为团队内部讨论和合作的基础,使每个成员能够参与到项目中,形成有机的协作模式。

(二)创意的发挥与技术运用

学生充分发挥了创造力,通过生成式人工智能工具获取的灵感,呈现出独具特色的设计方案。在技术运用方面,学生运用数字绘画、三维建模等技术,将设计方案转化为实际可行的游戏皮肤。生成式人工智能工具为学生提供了一个全新的创意起点,使他们在技术上有更多的尝试和突破。

在项目执行的早期,生成式人工智能工具为学生提供了多样的设计方案。团队通过充分讨论和评审,最终选择了符合"霸王茶姬"元素和《原神》角色"胡桃"特点的设计方向。在这个过程中,生成式人工智能工具的灵感引导为团队选择适宜的设计方向提供了有力支持。

(三)反馈接受与改进

学生团队将设计成果展示给相关方进行反馈。尽管在这一阶段生成式人工智能工具的应用逐渐减弱,但通过外部反馈,学生能够更客观地评估自己的设计,并进行相应的调整和改进。这体现了学生的接受能力和对专业提升的追求。

在整个过程中,生成式人工智能工具的应用呈现出多层次的特点。它不仅在设计方案的初期为学生提供了灵感,还在团队合作、创意发挥、技术运用等方面发挥了关键作用。这种多阶段、多方面的应用使学生能够在项目中全面发展,并在实际案例中成功地应用了生成式人工智能技术。

第三节 结果分析与总结

在对动漫设计专业的游戏美术概念设计案例进行深入分析后,我们发现了一系列显著的结果和有价值的发现。通过这一案例的分析,我们认识到生成式人工智能技术在动漫设计专业项目教学中的潜力。这不仅为项目教学提供了更广阔的视野,也为学生的综合素养培养提供了更多可能。未来,我们希望能够更深入地探索生成式人工智能技术在不同专业项目中的应用,进一步提升高职数字创意类专业的教学水平。

一、数据定量分析

在动漫设计专业的游戏美术概念设计案例中,我们进行了深度的数据定量分析,以客观评估学生在生成式人工智能时代项目教学中的表现和成果。这一分析不仅关注设计作品的质量,还涉及学生团队合作、用户体验、生成式人工智能技术的运用等多个方面。

首先对基于生成式人工智能的项目教学评价量表的两个否决性评判指标——意识形态评判、人工智能伦理评判进行了质的评判,确定本项目在设计与制作过程中没有违背这两个指标。通过对项目的设计与制作过程进行仔细审查,确认项目在这两个关键指标上没有出现任何违规或不符合伦理规范的情况。

这一质的评判确保了项目在其设计与制作的关键方面与意识形态和人工智能伦理一致,遵循了相应的道德和伦理准则。这为项目的教学评价量表奠定了坚实的基础,确保其在伦理和价值观上与社会一致,符合人工智能教育的道德要求。

(一)项目表现评分

我们首先对学生设计的"胡桃"角色皮肤进行了综合评分。评分标准包括创意性、设计质量、符合品牌形象等多个方面。为确保评分客观公正,我们邀请了行业专业人士、教师及同学进行评审,采用定量的评分体系。通过统计分析各项评分的平均分、标准差等数据,我们得以了解学生在项目中的整体表现。

应用基于生成式人工智能的项目教学评价量表的"项目表现"分量表,总分为33分,具体评价如表7-1所示。

表 7-1 "项目表现"分量表应用结果

一级指标	二级指标	三级指标	评价内容	等级	得分
项目表现 （40%）	项目理解与 分析（15%）	对项目目标的 理解（5%）	准确把握项目的核心目标和要求	良好	4分
		任务深度分析 （7%）	对项目任务进行深度分析，挖掘问 题的关键点	优秀	7分
		提出问题的质 量（3%）	是否能够提出具有启发性和挑战性 的问题	良好	2分
	学科知识应 用（25%）	知识准确性 （10%）	在解决问题中运用专业知识的准 确性	良好	8分
		实用性（10%）	是否能够将学科知识应用于解决实 际问题	良好	8分
		创新性运用 （5%）	在项目中是否展示了对学科知识的 创新运用	良好	4分

（二）团队协作分

数据分析的另一个重点是团队合作效率的评估。我们记录了学生团队在项目执行阶段的合作情况，包括沟通频率、决策效率、团队成员间的互动等方面。通过定量分析这些数据，我们得以评估生成式人工智能工具在团队合作中的实际帮助程度，为未来的团队合作培训提供参考。

应用基于生成式人工智能的项目教学评价量表的"团队协作"分量表，总分为 8 分，具体评价如表 7-2 所示。

表 7-2 "团队协作"分量表应用结果

一级指标	二级指标	三级指标	评价内容	等级	得分
团队协作 （10%）	团队协作能 力（5%）	沟通能力（2%）	学生与团队成员之间的沟通是否及 时、清晰	中等	1分
		协调能力（3%）	学生在团队中是否能够有效协调工 作，解决分歧	良好	2分
	团队贡献度 （5%）	任务分工与完 成度（3%）	学生是否按照任务分工完成工作， 任务完成度如何	优秀	3分
		团队合作精神 （2%）	学生在团队中是否表现出积极的合 作态度，是否愿意分享经验和资源	优秀	2分

（三）创造性发挥分

在这部分的数据分析中，我们对学生和团队的设计创造性发挥进行了评价，主要是针对创意的深度与广度、设计合理性、创新性表达情况、观点的创新性与可行性等方面进行评估,着重考查项目方案中的创新思路是否深刻、设计方案是否合理、观点是否有深度、能否在项目中付诸实践等。

应用基于生成式人工智能的项目教学评价量表的"创造性发挥"分量表,总分为 18 分,具体评价如表 7-3 所示。

表 7-3 "创造性发挥"分量表应用结果

一级指标	二级指标	三级指标	评价内容	等级	得分
创造性发挥(20%)	创意提案与设计(10%)	创意深度与广度(5%)	提案中的创新思路是否深刻,是否具备广泛的涵盖面	良好	4 分
		设计合理性(3%)	提案中的设计方案是否合理,是否能够解决项目中的核心问题	优秀	3 分
		创新性表达(2%)	提案的表达方式是否具备独创性,是否能够引起兴趣	良好	2 分
	提出新颖观点(10%)	观点创新性(5%)	学生的观点是否与现有观点截然不同,并有深度理解	良好	4 分
		观点实施可行性(5%)	学生提出的观点是否能够在实际项目中付诸实践,是否具备实际可行性	优秀	5 分

(四)生成式人工智能技术应用分

在数据定量分析的过程中,我们还特别关注生成式人工智能技术应用情况。通过记录学生在任务设计、创意灵感获取、设计元素优化等环节中使用生成式人工智能工具的频率和方式,我们可以量化地评估该技术在项目中的实际作用。这为今后教学实践中更好地引导学生使用生成式人工智能提供了经验和依据。

应用基于生成式人工智能的项目教学评价量表的"生成式人工智能技术应用"分量表,总分为 23 分,具体评价如表 7-4 所示。

为了更好地了解用户对设计作品的反馈,我们收集了一系列定量数据,包括用户满意度调查的统计结果、用户对不同设计元素的偏好等。通过对这些数据的分析,我们可以定量地了解用户对设计作品的整体接受程度及对个别元素的评价,为后续的改进提供数据支持。

综合各方面的评价,最终该学生的本项目评价得分为 82 分,获得了总体良好的评价。

通过以上数据定量分析,我们不仅能够客观地评价学生在动漫设计项目中的表现,也能深入挖掘生成式人工智能技术在项目教学中的潜在价值。这一定量分析为案例的综合评估提供了坚实的基础,也为未来类似项目的设计和实施积累了经验。

表 7-4　"生成式人工智能技术应用"分量表应用结果

一级指标	二级指标	三级指标	评价内容	等级	得分
生成式人工智能技术应用（30%）	工具使用主导性（10%）	技术操作合理度（5%）	学生对生成式人工智能工具的操作是否熟练、准确	良好	4 分
		技术应用合理性（5%）	学生对不同生成式人工智能技术的应用范围	优秀	5 分
	技术学习能力（10%）	接受学习新技术的能力（7%）	是否能够根据项目需求快速接受与学习新技术	良好	5 分
		解决问题的效果（3%）	学生的技术应用方案是否解决了项目中的实际问题	优秀	3 分
	技术应用成果（10%）	技术问题识别（4%）	学生是否能够准确识别生成式人工智能技术应用中的问题	良好	3 分
		技术问题解决能力（6%）	学生对技术问题的解决效果和方法	中等	3 分

二、经验分析与总结

在动漫设计专业游戏美术概念设计课程的项目教学案例中，面对为《原神》中角色"胡桃"设计与中国茶饮品牌"霸王茶姬"联名的皮肤这一任务，有成功经验，但也暴露出一些问题。

（一）成功经验

1. 创新的生成式人工智能应用

在项目中，学生成功地应用生成式人工智能技术，利用算法生成了独特而富有创意的设计元素。通过深度学习和图像处理技术，他们实现了对"胡桃"角色和"霸王茶姬"品牌进行融合的独特效果。这一成功经验表明，生成式人工智能技术在数字创意项目中能够为设计师提供丰富的创意资源。

2. 文化元素的精准表达

学生在设计中成功表达了中西文化的融合，既充分尊重了《原神》游戏的设定，又通过细腻的设计元素将中国茶文化巧妙地融入其中。这展示了学生对生成式人工智能在文化融合方面的灵活应用，成功实现了设计理念的精准表达。

3. 技术应用与评价体系的协同

成功的案例中体现了学生在项目中巧妙整合生成式人工智能的技术应用和评价体系。学生在设计中考虑技术生成结果的可行性，也确保评价体系能够全面、准确地反映技术生成的设计成果。这表明学生意识到了技术与评价的协同对项目的成功至关重要。

4. 品牌形象的升华与创新传递

在设计联名皮肤的过程中,学生成功地将生成式设计与"霸王茶姬"品牌形象升华相结合,通过独特的设计元素传递了品牌的创新理念。这展示了学生对品牌传播的深刻理解,成功地通过设计向玩家传递品牌的核心价值,达到设计与品牌升华相辅相成的效果。

(二) 存在的问题

1. 文化融合与人工智能技术的创意复杂性

联名设计要求将游戏角色与中国茶文化相结合,这涉及两个不同的文化元素的巧妙融合问题。如何确保设计不仅符合游戏的设定和用户的期待,还能够体现中国茶文化的特色,是一个复杂而具有挑战性的问题。学生需要克服跨文化设计的难度,确保设计既有足够的游戏感,又能够传达清晰的茶文化信息。生成式人工智能在文化融合方面具有巨大的潜力。然而,在设计"胡桃"与"霸王茶姬"联名皮肤时,学生需要理解如何充分利用生成式人工智能技术,以促进中西文化的有效融合。如何运用算法生成既具有原创性又符合两种文化要素的设计,是在这个背景下需要解决的问题。

2. 品牌形象的创新与市场适应性

联名设计涉及霸王茶姬品牌形象的呈现,学生在设计中既要保持《原神》游戏世界的风格,又要让霸王茶姬的品牌形象在设计中得到升华。如何在两者之间找到平衡点,确保不会让玩家感到违和,又能够有效传递霸王茶姬的特色,是设计过程中需要认真思考的问题。在生成式人工智能时代,市场对创新的需求更加迫切。学生需要在设计中平衡生成式设计的创新性与市场适应性。如何通过生成式设计创造引人注目的作品,同时确保设计符合玩家群体的期望,是需要在评价体系中重点考虑的问题。

3. 评价体系的动态性与实时监控

生成式人工智能设计的特点之一是其动态性,能够根据反馈不断调整生成结果。在项目教学中,学生需要思考如何建立评价体系,以及如何在设计过程中实时监控生成结果,使评价能够及时反馈给学生,促使其动态调整设计方向。在实际设计中,学生对游戏开发技术有一定了解,以避免设计上的理想主义与技术实现的难题产生矛盾。如何在创意发散的同时保持设计的技术可行性,是学生需要面对的挑战之一。生成式人工智能的技术应用对项目教学评价体系也提出了新的要求。学生需要思考如何结合技术评估工具,以确保生成式设计在评价中有准确地反映。这涉及评价体系的创新,需要学生在设计中不仅关注创意和美感,同时考虑技术生成的成果如何符合项目要求。

通过针对这些问题与挑战的深入思考与解决,学生不仅能够在项目中提升设计能力,还能够培养文化融合、品牌形象、市场适应性、技术可行性和团队协作等方面的综合素养。这样的案例分析不仅促使学生在设计中迎难而上,还有助于他们在实际工作中面对复杂项目时更加游刃有余。

三、对未来教学实践的建议

总结本项目实例的实施与评价活动,我们提出以下对未来教学实践的建议。

(一)开展与强化生成式人工智能教育

在未来的教学实践中,应该加强生成式人工智能教育,为学生提供更多的机会去学习和应用相关技术,培养学生对生成式人工智能的深刻理解,使其能够充分利用该技术进行创新性设计。此外,可以通过增加与工业界的合作项目,提供实际应用的机会,以更好地锻炼学生的实践能力。

(二)建设跨学科合作平台

在未来的项目教学中,可以建设跨学科的合作平台,以促进不同专业之间的交流与协作。通过与其他专业领域的学生合作,如计算机科学、市场营销等专业的学生,能够更好地整合多元素素材,丰富设计内容。这有助于培养学生在团队中的协作与沟通能力,并提高综合素养。

(三)强调文化教育与背景知识

未来的教学实践应更加注重学生对文化的深刻理解,尤其是在数字创意领域的文化融合设计中。加强关于中西文化、游戏文化、品牌文化等方面的教育,帮助学生更好地将文化元素融入设计中。通过加强背景知识的培养,学生将能够更准确地把握设计的灵感来源。

(四)创新教学评价体系以适应新的要求

未来的项目教学应致力于教学评价体系的创新,以更好地适应生成式人工智能的发展。教育者可以引入新的评价指标,如技术可行性、创新性的量化评估,以确保评价体系能够全面、准确地反映学生在生成式设计项目中的表现。为应对生成式人工智能项目的动态性,教学评价体系应引入实时动态评价机制。通过监控学生在设计过程中的实时进展,及时发现问题并提供反馈,有助于学生在设计中不断调整和优化,保证设计方向的准确性。

此外,还应该鼓励跨学科的评价团队合作,使不同专业领域的评估者能够从各个角度对学生的设计进行评价。这有助于提高评价的全面性和准确性,同时培养学生对跨学科合作的认知和应对能力。

生成式人工智能项目通常需要学生具备一定的技术应用能力。评价体系还应注重评估学生在设计中对生成式人工智能技术的运用,确保他们能够充分利用技术进行创新性的设计。

(五)强调项目的社会价值

在教学实践中,应强调项目的社会价值,引导学生关注设计作品对社会的影响。通过设计作品的社会化,如联名设计、文化传承等,培养学生的责任感和使命感。这有助于将学生的设计能力与社会实际需求更好地结合起来。

通过以上建议,未来的教学实践将更加贴近生成式人工智能时代的需求,帮助学生更好地应对复杂的数字创意项目,提升其综合素养和职业能力。这也有助于将理论知识与实际操作更好地结合,促进学生的全面发展。

结论与展望

　　本书通过深入研究高职数字创意类专业项目教学的改革,结合生成式人工智能技术的应用,取得了一系列研究成果。在总结这些成果的基础上,得出了一些结论,并对未来的研究和教学实践提出展望。

一、结论

　　(1) 生成式人工智能驱动教学变革。本书首先追溯了生成式人工智能的发展历程和现状,凸显了其作为颠覆性技术的重要性。随后,深入剖析了高职数字创意类专业的教学现状及面临的挑战,揭示了生成式人工智能技术对数字创意教育所产生的压力和潜在推动力。

　　(2) 项目教学评价体系创新与应用。在理论基础上,本书提出了适应生成式人工智能特色的项目教学评价体系框架。通过对评价原则元素的提炼、符合生成式人工智能特色的评价原则体系的搭建,基于生成式人工智能的项目教学评价量表的形成,以及信度和效度分析,确保量表的科学性和可靠性,为数字创意类专业项目教学提供了创新的评价手段。

　　(3) 项目任务设计的模型构建。本书详细阐述了任务设计模型的构建与关键点,特别关注人机协同式任务在生成式人工智能时代项目教学中的应用,强调了任务设计中生成式人工智能的集成方式,使任务更符合时代特色。

　　(4) 过程监控与结果分析体系的构建方法。从"任务黑箱"阶段出发,深入探讨了过程监控体系的构建方法,解决了在项目任务执行过程中的信息封闭性问题。同时,借助"AI＋"技术构建评价结果分析体系,提高了评价的效率和客观性。

二、展望

　　(1) 技术的不断创新。未来,生成式人工智能技术将不断创新,可能会出现更加先进的技术应用于数字创意教育。对这些新技术的研究和整合,将为项目教学提供更多可能性。

　　(2) 跨学科合作的加强。生成式人工智能的应用需要多学科的协同合作,未来数字创意教育领域将更加强调跨学科的融合,促进更全面的学科发展。

(3)教学模式的深化。本书提出的项目教学模式和评价体系框架为未来数字创意专业教学模式的深化提供了理论支持。随着实践的不断推进,这些理论将得到更为丰富的实证验证。

(4)实践经验的积累。本书中的案例分析为教育工作者提供了一些实践经验,未来需要更多教育机构和教育者加入实践,不断积累经验,推动数字创意类专业教育的不断发展。

总的来说,生成式人工智能技术为高职数字创意类专业项目教学带来了前所未有的机遇。通过持续的研究和实践,我们有信心在这个数字创新的时代取得更为显著的成果。

参 考 文 献

[1] 朱雪梅.美、德、澳三国高等职业教育发展模式比较研究[J].中国职业技术教育,2014(27)：63-70.

[2] 张莹.浅谈高职院校的项目教学模式[J].江苏高教,2008(1)：137-138.

[3] 凤权.OBE 教育模式下应用型人才培养的研究[J].安徽工程大学学报,2016,31(3)：81-85,95.

[4] B.F.斯金纳.科学与人类行为[M].王京生,译.北京：中国人民大学出版社,2023.

[5] 袁昌寰.任务型学习理论在英语教学中的实践[J].课程·教材·教法,2002(7)：40-43.

[6] 施良方.泰勒的《课程与教学的基本原理》——兼述美国课程理论的兴起与发展[J].华东师范大学学报(教育科学版),1992(4)：1-24.

[7] 宋金鸿.论维果茨基的社会文化理论及其教学应用[J].通化师范学院学报,2013,34(9)：136-139.

[8] 王双.波利亚的解题理论在高中导数教学中的应用[D].长春：东北师范大学,2016.

[9] 高文.情境学习与情境认知[J].教育发展研究,2001(8)：30-35.

[10] 张玮,王楠.学习分析模型比较研究[J].现代教育技术,2015,25(9)：19-24.

[11] 王建中,曾娜,郑旭东.理查德·梅耶多媒体学习的理论基础[J].现代远程教育研究,2013(2)：15-24.

[12] 潘洁,金炜,赵敏,等.试论创造性思维理论中的几个问题[J].心理科学通讯,1982(5)：36-43.

[13] 赵子晗.卢西亚诺·弗洛里迪的信息伦理学研究[D].南宁：广西大学,2021.

[14] 李灿,辛玲.调查问卷的信度与效度的评价方法研究[J].中国卫生统计,2008(5)：541-544.

[15] 张所帅.评价量表的内涵、特点及开发[J].教学与管理,2019(9)：122-124.

[16] 余明华,冯翔,祝智庭.人工智能视域下机器学习的教育应用与创新探索[J].远程教育杂志,2017,35(3)：11-21.

[17] 郝立涛,于振生.基于人工智能的自然语言处理技术的发展与应用[J].黑龙江科学,2023,14(22)：124-126.

[18] 丁锦红,张钦,郭春彦,等.认知心理学[M].2 版.北京：中国人民大学出版社,2014.

[19] 约翰·杜威.我的教育信条[M].北京：中国传媒大学出版社,2018.

[20] 叶增编.建构主义学习理论与行为主义、认知主义关键特征之比较[J].现代远程教育研究,2006(3)：64-66.

[21] 申天恩,斯蒂文·洛克.论成果导向的教育理念[J].高校教育管理,2016,10(5)：47-51.

[22] 杜瑛.西方教育评价理论发展的社会文化基础探析[J].教育测量与评价(理论版),2012(10)：22-27.

[23] 邓泽民,陈庆合,郭化林,等.高等职业技术教育教学模式的比较与创新研究[J].职教论坛,2002(20)：8-13.

[24] 徐国庆.基于学习分析的职业教育项目教学设计模型[J].职教论坛,2015(18)：4-11.

[25] 吴汉东.人工智能时代的制度安排与法律规制[J].法律科学(西北政法大学学报),2017,35(5)：128-136.

[26] 桑新民.多媒体和网络环境下大学生学习能力培养的理论与实验研究[J].中国远程教育,2000(11)：22-26.

[27] 王景英.当前教育评价中几种关系的理论思考[J].东北师大学报,2003(5)：119-124.

[28] 吴砥,李环,陈旭.人工智能通用大模型教育应用影响探析[J].开放教育研究,2023,29(2)：19-25,45.

[29] 秦渝超,刘革平,许颖.生成式人工智能如何重塑教学活动——基于活动理论的模型构建与应用[J].中国远程教育,2023,43(12)：34-45.

[30] 洪杰文,常静宜.用户关切视角下的"生成式 AI"伦理框架建构[J].新闻与写作,2023(12)：44-55.

[31] 苗逢春.生成式人工智能技术原理及其教育适用性考证[J].现代教育技术,2023,33(11)：5-18.

[32] 王柏荣,刘豪龙.生成式人工智能算法下人的主体性地位反思——以 ChatGPT 为样本[J].重庆交通大学学报(社会科学版),2023(10)：1-13.